# Gekündigt – zum Glück!

Für Katja, Ava und Finn

Everhard Uphoff

# Gekündigt – zum Glück!

## Das Mutmachbuch für den Neustart

www.tredition.de

ISBN
Paperback      978-3-347-11477-7
Hardcover      978-3-347-11478-4
e-Book          978-3-347-11489-1

Begleitung, Lektorat und Satz: Cornelia Rüping, traum-vom-buch.de
Schlusskorrektur: Dr. Leila Werthschulte

Umschlag: Laura Niklaus, studiowoander.com
Illustrationen: Marcela Müllerová

Verlag und Druck: tredition GmbH, Halenreie 40–44, 22359 Hamburg

# Inhalt

# Vorwort

*„Wer ständig glücklich sein möchte, muss sich oft verändern."*

*Konfuzius*

Als ich das Chefbüro betrat, saßen beide Geschäftsführer am Besprechungstisch. Was hatte das zu bedeuten? Einer sagte plötzlich: „Wir trennen uns von dir." Einfach so, aus dem Nichts heraus. Der andere gab keinen Ton von sich. Funkstille. Die Worte trafen mich unvorbereitet und mitten ins Mark. Ich war geschockt, sprachlos, wusste gar nicht, was ich antworten sollte. Meine Stimme war weg, die Miene versteinert, ich spürte, wie ich blass wurde, mir war kalt. „Wir trennen uns von dir", wiederholte mein Chef. Aus, vorbei. Das war's. Die Entscheidung war gefallen. Gegen mich. Endgültig. Ich verlor das Gefühl für Raum und Zeit, konnte mich später nicht mehr daran erinnern, wie lange ich da saß auf meinem Stuhl, mit dem Rücken zur Wand, erstarrt, fassungslos. Und dann verspürte ich nur noch einen Wunsch. Ich wollte weg, den Raum verlassen.

Ich hörte mich sagen, dass ich jetzt gehen würde, stand auf, drehte mich um und verließ wie ferngesteuert den Raum. Schnurstracks ging ich in mein Büro und packte meine persönlichen Gegenstände zusammen. Ich war überfordert mit der Situation, wollte einfach nur raus, weg. Auf dem Weg nach draußen begegnete ich keiner Menschenseele. Tief erschüttert fuhr ich nach Hause, suchte einen Zufluchtsort, um mich zurückzuziehen und zu verkriechen. Ich fühlte mich wie ein schutzloses, verwundetes Tier.

Auf diese Situation war ich einfach nicht vorbereitet. In meinem Kopf wimmelte es nur so von wirren Gedanken. Nie im Leben hätte ich damit gerechnet, dass der Konflikt mit dem Produktionsleiter derartig eskalieren und sich das Blatt so folgenschwer gegen mich wenden würde. Ich konnte es einfach nicht fassen, kam mir vor wie die sprichwörtliche heiße Kartoffel, die fallen gelassen wird. Fünf Monate zuvor hatte ich mir doch noch ein Zwischenzeugnis ausstellen lassen. Als mein Chef es mir überreicht hatte, hatte er mir versichert, dass ich die beste Besetzung für meinen Posten sei. Und jetzt das.

Doch irgendwie war ich auch erleichtert. Endlich war der Spuk vorbei: die angespannte Situation und der Druck der letzten Wochen und Monate, das Unausgesprochene, das Schweigen, die Heimlichtuerei, das Gefühl, dass da etwas im Hintergrund lief. Die dicke Luft, die sich über die letzten Monate aufgebaut und kein Ventil bekommen hatte, das permanente Gefühl, nicht mehr willkommen zu sein, die unterschwellige Missbilligung, Ablehnung und Entwertung, all das bekam jetzt schlagartig einen Sinn.

Was ich als Nächstes tat? Ich rief meinen Anwalt an.

Ja, so ist es bei mir gelaufen und damit wurde ein Prozess in Gang gesetzt, der bis heute andauert. Der mich durch Höhen und Tiefen führte, in die Verzweiflung, in die Hoffnung und am Ende ins Glück. Als ich für mich wieder Boden unter den Füßen hatte, wollte ich dazu beitragen, dass andere Menschen, die in diese Situation geraten, es leichter haben. Mein Buch will dich, liebe Leserin und lieber Leser, dabei unterstützen, vorbereitet zu sein, Fehler in einer für dich sicher emotional aufwühlenden Zeit zu vermeiden und vor allem handlungsfähig zu bleiben. Denn wer in eine Position gedrängt wird, aus der heraus nur eine Reaktion und keine Aktion mehr möglich ist, wer gefühlt mit dem Rücken zur Wand steht, braucht gute Informationen und einen kühlen Kopf. Das ist aber schwierig, wenn die Emotionen hochkochen und kaum ein klarer Gedanke zu fassen ist. Dieses Buch kann dich davor bewahren, in einer Schockstarre zu verharren oder in die Opferrolle zu schlüpfen. Es hilft dir dabei, mit hoch erhobenem Kopf und strukturiert an die Aufarbeitung dessen heranzugehen, was mit dir geschehen ist.

Was ich noch ausdrücklich erwähnen möchte: Es geht mir nicht darum, mit meinem alten Arbeitgeber abzurechnen oder einseitige Positionen zugunsten von Gefeuerten zu beziehen. Dieses Buch soll Mut machen! Es ersetzt jedoch weder die Unterstützung durch einen Anwalt oder Psychologen, noch einen Arztbesuch oder Begleitmaßnahmen bei der beruflichen Neuorientierung.

Alles Gute für dich in deinem Veränderungsprozess!

Everhard Uphoff, Grassau im November 2020

# Einleitung

Als ich zu Hause war, merkte ich, dass ich etwas unternehmen wollte. Ich hatte meinen Job verloren und wusste überhaupt nicht, was ich in dieser Situation zu tun hatte. Innerhalb kürzester Zeit war ich emotional in einen absoluten Ausnahmezustand geraten und konnte nicht mehr klar denken. Plötzlich sah ich mich mit vielen neuen Themen konfrontiert, über die ich mir bisher nie wirklich Gedanken gemacht hatte: Aufhebungsvertrag, Rechtsschutz oder Kündigungsschutzklage. Damit kannte ich mich nicht aus. Ich kam auf die Idee, mich übers Internet schlau zu machen. Doch schnell verlor ich mich bei der Suche im Netz und fand nicht wirklich das, was ich in diesem Moment brauchte.

Im Nachhinein kann ich sagen, dass meine eigenen Erfahrungen in der Notsituation mich dazu motiviert haben, dieses Buch zu schreiben. Denn eins habe ich für mich gelernt: Der häufig vom Arbeitgeber ausgeübte Druck in heißen Phasen kann einen in Zeitnot bringen und Panik auslösen. Wie gut, wenn dann sinnvolle Informationen und wertvolle Erfahrungsberichte ehemalig Betroffener aus erster Hand vorliegen. Denn vielen fehlt – wie mir damals – das Wissen rund um Kündigung und Jobverlust. In dieser Situation sind konkrete Lösungsvorschläge gefragt, wie mit der beruflichen Krise umzugehen ist, um am Ende bestmöglich wieder herauszukommen.

Mit diesem Buch möchte ich generell dazu auffordern, offener mit dem Thema Arbeitslosigkeit umzugehen. Jobverlust ist immer noch ein Tabu und wird als Makel angesehen. Kaum einer geht damit an die Öffentlichkeit, die Betroffenen schweigen, und zwar sowohl diejenigen, die kündigen, als auch diejenigen, die gekündigt werden. Das ist ein gesellschaftliches Problem: Wir definieren uns oft über den Job, unser Selbstwert hängt meist davon ab, was wir geleistet haben, und nicht davon, wer wir sind. Viele schämen sich, wenn sie keine Arbeit mehr haben, und suchen die Schuld bei sich. Sie glauben, gescheitert zu sein, und fühlen sich als Versager. Ihr Selbstwert rutscht in den Keller.

Doch Umbrüche werden in naher Zukunft schon deshalb mehr zum beruflichen Alltag gehören, weil unsere Arbeitswelt im Wandel ist. Die Rede ist von der Industrie 4.0, der vierten industriellen Revolution, in der wir uns aktuell befinden und die innerhalb des aktuellen Jahrzehnts vieles grundlegend verändern wird. Gleichzeitig wird das Klima in der Arbeitswelt rauer. Selbsterhalt, Macht, Besitzverhältnisse, Ego und Abhängigkeiten spielen dabei eine Rolle. Aussprüche wie „Wer zahlt, schafft an" oder „Ober sticht Unter" verdeutlichen einleuchtend, worum es geht. Oft erst an zweiter Stelle, wenn überhaupt, folgt die Sache an sich – und ganz am Schluss dann der Mensch. Gemeinsam an einem Strang zu ziehen und eine vorhandene Vision wahr werden zu lassen wird zur Nebensache. Doch genau das ist es, was wir in Zukunft immer mehr brauchen, wenn wir Umbrüche überwinden und neue Systeme schaffen wollen, um unsere Arbeitswelt menschlich und fair umzugestalten.

Leider zeigt sich in der Praxis aber häufig das Gegenteil: In den Unternehmen lässt der Umgang miteinander sehr zu wünschen übrig. Der Mensch wird zum Kostenfaktor degradiert, ausgetauscht und entsorgt, wenn er überflüssig, unbequem oder zu teuer geworden ist. Das spiegelt sich auch in der Art und Weise wider, wie Firmen sich von ihren Mitarbeitern trennen. Noch immer gibt es viel zu viele Unternehmen, die respektlos und unanständig mit ihren ausscheidenden Mitarbeitern verfahren.

Angesichts des zunehmenden Fachkräftemangels kann es sich in Zukunft kaum noch ein Arbeitgeber leisten, seine Mitarbeiter mies zu behandeln und sie scheinbar willkürlich ein- und auszustellen. Ein fairer und respektvoller Umgang sollte Standard sein, wenn ein Arbeitsverhältnis auf das Ende zugeht. Ein wertschätzender Trennungsprozess bewirkt, dass Gekündigte die Situation besser akzeptieren, den Arbeitsplatz schneller loslassen und eher wieder neue berufliche Perspektiven ins Auge fassen können.

Auf welche Art und wie stark ein Mensch darauf reagiert, dass sein Arbeitsplatz wegfällt, hängt vor allem auch davon ab, wie es zu der beruflichen Trennung gekommen ist. Es macht einen großen Unterschied, ob die betreffende Person selbst gekündigt hat oder sie plötzlich ohne Vorwarnung gekündigt wurde. Dazwischen liegt die Variante, dass eine Kündigung vorab bekannt gegeben wird, sodass Zeit bleibt, sich darauf einzustellen und sich auf die neue Situation vorzubereiten. In vielen anderen Fällen verlieren die Betroffenen unverschuldet ihren Arbeitsplatz. Sie haben sich nicht falsch verhalten, gute Leistungen erbracht und keine silbernen Löffel geklaut. Oft erfahren die Mitarbeiter auch gar nicht, warum sie eigentlich das Unternehmen verlassen müssen. Die wahren Gründe bleiben verborgen.

Wie Vorgesetzte mit ihren Mitarbeitern im Zuge des Trennungsprozesses umgehen, ist mitentscheidend. Kommt es zu einer unguten Trennung, kostet das oftmals unnötig Geld, Zeit und Nerven – bei allen Beteiligten. Eines gilt in jedem Fall, ob jemand selbstverschuldet seine Arbeit verloren hat, bewusst oder unbewusst zum Jobverlust beigetragen hat oder schlicht und einfach zur falschen Zeit am falschen Ort war: Fällt der Arbeitsplatz weg, löst das einen Veränderungsprozess in uns aus.

Und genau hier setze ich mit meinem Buch an: In den letzten drei Jahren habe ich mit mehr als 100 Fach- und Führungskräften aller Hierarchiestufen gesprochen, die aus unterschiedlich großen Unternehmen sowie Branchen stammen. Sie alle haben berufliche Umbrüche erlebt und sind mal mehr, mal weniger heftig emotional Achterbahn gefahren. Manche von ihnen haben die Veränderung selbst herbeigeführt, andere wurden dazu gezwungen, ihren Arbeitsplatz zu räumen.

Meine Gespräche mit ihnen habe ich in Form von Interviews ausgearbeitet. Eine Auswahl findet sich auf den folgenden Seiten. Alle Personen, die hier ihre Geschichten erzählen, wurden zum Schutz anonymisiert dargestellt. Mir war vor allem wichtig zu erfahren, was bei den Einzelnen jeweils zur Jobkrise geführt hat, wie sie diese Phase erlebt haben, welche Hindernisse bestanden und aus dem Weg geräumt wurden – und wie es ihnen letztendlich gelungen ist, wieder auf die Beine zu kommen. Damit möchte ich Betroffenen zeigen, dass sie in ihrer Not nicht allein sind. Vielen anderen ist dasselbe Schicksal widerfahren und sie haben es gemeistert.

Manche der Betroffenen begleitete ich über einen längeren Zeitraum als zwei Jahre. Das hing jeweils davon ab, wie schnell jemand die individuelle Veränderungskurve durchlief und beruflich wieder neu Fuß fasste. Um die Entwicklungen im Lauf der Zeit festzuhalten, wiederholte ich die Interviews mehrmals und arbeitete neue Erkenntnisse entsprechend ein. Die Interviews fanden entweder schriftlich mit einem vorgefertigten Fragebogen, mündlich am Telefon oder auch in Online-Sitzungen statt.

Im Rahmen meiner Arbeit als Veränderungsbegleiter und Krisenmanager wollte ich von den Menschen, denen ich zur Seite gestanden habe, etwas über ganz unterschiedliche Dinge erfahren:

- Arbeitsumfeld (Firmensystem, Betriebsklima, Machtstruktur im Unternehmen, Führungskultur, Verhältnis zum Chef)
- Betriebszugehörigkeit, Alter, Aufgaben, Rollen und Funktionen im Unternehmen
- Gründe für den Wechsel, den Verlust oder die Kündigung
- Ablauf des Trennungsgesprächs
- Emotionale Reaktionen und Auswirkungen im gesamten Trennungs- und Neuorientierungsprozess
- Reaktion des privaten und beruflichen Umfelds auf die Veränderung
- Unterstützung, Hilfe und Rat von außen
- Letzter Arbeitstag
- Persönliche Bewältigungsstrategien (Abwicklungs- oder Aufhebungsvertrag, Klage)
- Trennungskonditionen
- Vorbereitung, Selbstbestimmung und Handlungsfähigkeit im gesamten Prozess
- Rat für andere in einer derartigen Situation
- Vorgehensweise bei der beruflichen Neuorientierung, Szenarien, Resonanz auf Bewerbungen
- Selbstführung in der Krisenzeit (Stresslevel, Lebensführung, eigene Schwachpunkte)
- Persönliche Wertvorstellungen und die Suche nach Sinn

Natürlich steht die Frage im Raum, wer davon profitieren kann, dass sich die interviewten Menschen geöffnet haben und andere vertrauensvoll an ihren Erfahrungen teilhaben lassen. Ganz eindeutig: Dieses Mutmachbuch ist genau richtig für Arbeitnehmer, bei denen absehbar der Arbeitsplatz wegfallen wird, sowie diejenigen, die bereits freigestellt wurden, frisch gekündigt sind oder schon in der beruflichen Neuorientierung stecken.

Viele Gekündigte kommen alleine klar. Dennoch ist dieses Buch gut geeignet auch für sie, weil es sie darin bestärkt, alles richtig gemacht zu haben oder gerade zu machen. Es gibt emotionalen Halt und hilft dabei, sich nicht unterkriegen zu lassen. Und: Die Betroffenen erkennen womöglich, dass die Beweggründe, die zur Kündigung geführt haben, nichts mit ihnen als Person zu tun haben. Diese Erkenntnis hilft ungemein, das Erlebte schneller zu verarbeiten und diese Erfahrung hinter sich zu lassen.

Darüber hinaus können Menschen in Führungsrollen das Buch hervorragend nutzen. Denn es zeigt auf, welchen wirtschaftlichen Schaden eine unprofessionelle Trennungskultur im gesamten Unternehmenssystem anrichten kann. Wer seine Managementaufgaben effizient erfüllen will, muss verstehen, was es bedeutet, Mitarbeiter zu führen und zu verabschieden. Dieses Buch richtet sich auch an Betriebsräte, Unternehmer, Personaler und alle anderen Personen, die am Trennungsprozess beteiligt sind. Es trägt dazu bei, dass sich alle ihrer Verantwortung und Rolle bewusst werden und die Bedürfnisse und Motive der anderen besser verstehen.

Alles in allem erfährst du in diesem Buch, wie die Arbeitswelt von heute tickt, wie du dich optimal auf eine Kündigung und die Phase danach vorbereiten kannst, wie du einen neuen Weg für dich findest und was auf emotionaler Ebene dabei geschieht. Kurzum: Es geht darum, wie du Fehler vermeidest und das Beste für dich herausholen kannst.

# Meine Geschichte:
# Ich wurde gefeuert – zum Glück

Ja, so wie die anderen Menschen, die in diesem Buch zu Wort kommen, verlor auch ich meinen Job, durchlebte eine tiefe Krise und stand wieder auf. Das hat eine ganze Weile gedauert. Heute kann ich die Erfahrungen einordnen und sagen, dass ich mein Glück gefunden habe. Wie es mir erging, erfahrt ihr, liebe Leserinnen und Leser, auf den nächsten Seiten.

*Everhard Uphoff (geboren 1971) war fünf Jahre lang Vertriebs- und Marketingleiter in einem stark exportorientierten Unternehmen. Es gab einen kaufmännischen und einen technischen Geschäftsführer – einen Betriebsrat hingegen nicht.*

**Welche Rolle hattest du in dem Unternehmen?**

Ich wurde als Marketing- und Vertriebsleiter angestellt und sollte den damals noch kleinen Geschäftsbereich mit den aufblasbaren Eventzelten aufbauen. In meiner Funktion bewegte ich mich zusammen mit einem Kollegen auf der zweiten Führungsebene in einer klassischen Sandwichposition zwischen Geschäftsführung und Teamebene. Nach einiger Zeit wurde ich auch ins Managementboard berufen.

**Was genau waren deine Aufgaben?**

Die neue Arbeit kam mir vom ersten Tag an wie ein Traumjob vor. Ich war Feuer und Flamme, einen neuen Bereich weltweit aufzubauen. Dafür zog ich sogar mit der Familie von der Stadt aufs Land. Der Erfolg ließ nicht lange auf sich warten. Innerhalb von drei Jahren gelang es mir, mit einem stetig wachsenden Team – zeitweise waren wir zehn Personen – die Marke international bekannt zu machen. Zudem stellte ich in diesem Zeitraum ein weltweites Vertriebsnetz mit 50 Händlern in 40 Ländern auf die Beine.

Neue Produkte kamen zur rechten Zeit auf den Markt, die Umsätze und Gewinne stiegen. Einer der Gesellschafter kam eines Tages auf mich zu und bedankte sich bei mir mit den Worten, was für ein Glücksgriff ich doch für die Firma sei. Das Unternehmen blieb dann weiterhin auf Wachstumskurs. Wir wagten sogar den Sprung über den Teich, hinüber in das Land der unbegrenzten Möglichkeiten und breiteten uns in den USA aus.

**Wie gestaltete sich die Machtstruktur in der Firma? Wie würdest du deinen direkten Chef beschreiben?**

Nach außen gab man sich lässig, sportlich und hip. In meinem Bereich herrschte lange Zeit Aufbruchstimmung. Meine Chefs begegneten mir anfangs mit einem großen Vertrauensvorschuss, sie ließen mich nach Gutdünken schalten und walten. Sie führten mich an der langen Leine und ich lieferte ab, indem ich die an mich gestellten Anforderungen und Vorgaben erfüllte. Das System funktionierte, weil es mir wichtig war, mich vorab mit meinen Vorgesetzten abzustimmen, wenn neue Vorhaben anstanden.

Erst mit der Zeit begriff ich, dass die Laissez-faire-Politik mit gleichzeitiger Machtkontrolle einherging, zum Beispiel in Hinblick auf das Budget. Mein direkter Vorgesetzter wollte die fachliche und disziplinarische Verantwortung für das Team nicht komplett aus der Hand geben. Er scheute Konflikte und verhielt sich mir gegenüber nicht loyal. Zudem schwieg er meist und vermied offene Kommunikation. Wichtige strategische Entscheidungen wurden vorrangig auf der Gesellschafterebene getroffen. Die zweite Führungsebene hatte daran nur bedingt Anteil.

Je nach Geschäftsbereich und Abteilung wurden unterschiedliche Mitarbeitertypen eingestellt: auf der einen Seite waren das eher „brave" Mitarbeiter, die sich leicht anpassten und einordneten. Gleichzeitig zog das Unternehmen individualistische Persönlichkeiten mit egozentrischen und narzisstischen Zügen an. Die waren wenig teamorientiert und auf die eigenen Interessen bedacht. Die Unternehmensleitung tolerierte das.

## Was passierte mit dir?

In meinem Geschäftsbereich planten wir eine neue Produktlinie mit kostengünstigeren Materialien und geänderter Fertigungsmethode. Bislang hatte das Unternehmen in Fernost produzieren lassen. Im Vorfeld hatte ich zusammen mit einer Hochschule einen Marketingplan ausgearbeitet. Nachdem die Geschäftsführung ihn freigegeben hatte, begann die Suche nach einer eigenen Produktionsstätte und einem Produktionsleiter. In Osteuropa wurde die Unternehmensleitung dann fündig, dort sollten neue und auch bestehende Produkte hergestellt werden. Für den Aufbau dieses Standorts, eine strategisch sehr wichtige Aufgabe, wurde ein Produktionsleiter eingestellt. Neben mir als Vertriebs- und Marketingleiter sollte er eine tragende Rolle bei der Umstrukturierung und Neuausrichtung des Unternehmens spielen.

Monatelang warteten wir auf den Produktionsleiter. Als er dann endlich seine Stelle antrat, konnten wir mit dem neuen Projekt starten. Doch schnell zeigte sich, dass es nicht gut lief. Vom ersten Tag an verstand ich mich nicht wirklich mit dem neuen Mann vor Ort. Es kam mir so vor, als wollte er nicht mit mir zusammenarbeiten. Und er ließ sich nicht in die Karten schauen. Auch die Geschäftsführung benahm sich seltsam, seit er da war. Wichtige Informationen kamen nicht bei mir an und wenn wichtige Entscheidungen anstanden, wurde ich nicht mehr einbezogen. In dieser Phase kam es immer wieder zu Konflikten mit dem Produktionsleiter und der Geschäftsführung. Ich verstand nicht, was da im Hintergrund vor sich ging. Meine Versuche, mit den Vorgesetzten darüber zu sprechen und die Situation zu entschärfen, verliefen ins Nichts.

Die Monate vergingen und meine Unzufriedenheit wuchs, meine Stimmung war getrübt. Ich fühlte mich einfach nicht mehr wohl. Anstatt mit allen an einem Strang zu ziehen und die hochgesteckten Ziele voranzutreiben, veränderte sich binnen weniger Monate mein Arbeitsumfeld. Wie mir schien, legte es der Produktionsleiter darauf an, das Team zu spalten und die Geschäftsführung gegen mich aufzubringen.

Das über Jahre gewachsene Vertrauen schwand. Menschlich kamen meine Chefs, der Produktionsleiter und ich immer weniger miteinander klar, die Chemie stimmte einfach nicht (mehr). Der Konflikt eskalierte, am Ende zog ich den Kürzeren.

**Wie kam es zur Kündigung?**

Einmal im Monat trafen sich alle Mitarbeiter in der Firmenzentrale. Bei diesem Termin wurden die Zahlen der einzelnen Geschäftsbereiche präsentiert, Einblick in den Stand laufender Projekte gegeben und Personalmeldungen kommuniziert. Damals lief es in meinem Geschäftsbereich so gut wie nie zuvor. Ein asiatischer Neukunde hatte uns einen Großauftrag beschert, was ein Umsatzplus von 30 Prozent bedeutete! Es gab also Grund zum Feiern. Nach außen hin schien alles in Ordnung zu sein. Nur wenige bekamen mit, was hinter den Kulissen ablief und sich über die Monate zusammenbraute.

Ich erinnere mich noch genau daran, dass es ein Dienstag war, denn da fand am Nachmittag immer mein Wochengespräch mit einem der zwei Geschäftsführer statt. Sein Büro war nur wenige Meter von meinem entfernt. Ich hatte mich wie immer gut auf das Treffen vorbereitet. Meistens lief es so ab, dass ich den größeren Redeanteil hatte und ablieferte, während mein Chef zuhörte und schwieg. Diesmal aber war es anders als sonst. Ich wurde gefeuert.

**Bahnte sich die Kündigung an? Wenn ja, wie?**

Rückblickend kann ich sagen, dass der Eintritt des narzisstischen[1] Kollegen der Anfang vom Ende war, hinzu kam die wachsende Illoyalität meiner Chefs. Es war absehbar, was passieren würde, doch anstatt selbst zu kündigen und einen Schlussstrich zu ziehen, harrte ich noch monatelang aus und hoffte vergeblich auf eine Kehrtwendung. Ich war nicht bereit, meinen Traumjob und all das, was ich mit viel Herzblut und Engagement aufgebaut hatte, einfach so aufzugeben. Ich wollte nicht wahrhaben, dass ich letztendlich keine Chance gegen meinen Widersacher und meine Vorgesetzten hatte. Für mich war das schwer

---

[1] Zur Erklärung des Begriffs „Narzissmus" siehe auch „Kapitel 4: Der Chef – Führung Fehlanzeige"

nachzuvollziehen: Für mein Empfinden hatte ich mir nichts zu Schulden kommen lassen, mich nicht falsch verhalten. Irgendwann habe ich das Verhalten der anderen dann auch persönlich genommen. Je mehr ich um meinen Arbeitsplatz kämpfte, desto schlimmer wurde es. Anzeichen, dass es in diesem Unternehmen nicht weitergeht für mich, gab es unzählige. Hätte ich damals auf mein Bauchgefühl gehört, wäre mir ein äußerst schmerzhafter Trennungs- und Ablöseprozess erspart geblieben.

**Was war für dich das Schlimmste an der Kündigung?**

Es war gar nicht mal der Jobverlust an sich, der mich tief traf. Es war eher die Art und Weise, wie mit mir in den Tagen danach umgegangen wurde. Das erschreckte mich. Die Brutalität und Kaltschnäuzigkeit, mit der die Geschäftsleitung mir begegnete, hielt ich für grenzwertig und beschämend. Ich konnte kaum glauben, wie das ablief. Anstatt gebührend verabschiedet zu werden, verfolgten meine Chefs offensichtlich das Ziel, mich heimlich, schnell und kostengünstig aus dem System zu entsorgen. Ich bekam keinen Dank, keine Wertschätzung für meine geleistete Arbeit, weder Fairplay noch Respekt.

Nach dem Kündigungsgespräch wurde ich gleich freigestellt, schon am nächsten Abend warf mir jemand aus der Firma den Aufhebungsvertrag in den Briefkasten. Ich bat meinen Anwalt, das Dokument zu prüfen. Er meinte, dass mir daraus nur Nachteile entstünden. Der einzige, der davon profitieren würde, war der Arbeitgeber. Mein Rechtsanwalt empfahl mir daher, diese Aufhebungsvereinbarung abzulehnen.

Inzwischen waren auch meine Kommunikationskanäle gekappt worden, ich hatte zum Beispiel keinen Zugang mehr zu meinen E-Mails. Firmeninterne Nachrichten liefen an mir vorbei. So bekam ich auch nicht mehr mit, wie die gesamte Belegschaft per E-Mail über meinen Rauswurf informiert wurde. Es hieß, meine Positionen und die der Geschäftsführung bei der Neuausrichtung des Unternehmens seien zu unterschiedlich, als dass eine weitere Fortsetzung der Zusammenarbeit Sinn gemacht hätte. Es kam noch besser: In der Nachricht wurde bereits mein Nachfolger benannt, obwohl das Arbeitsverhältnis offiziell noch gar nicht beendet war. Ein Spezl von einem der Gesellschafter stand schon bereit und sollte ein paar Tage später anfangen. Ich war stinksauer! Womit meine Chefs nicht rechneten: Ein mir wohlgesonnener Kollege leitete das Schreiben an mich weiter – und ich schickte es umgehend an meinen Anwalt.

Es war schmerzhaft einzusehen, dass mich mein Arbeitgeber, dem ich mich lange Zeit sehr verbunden gefühlt hatte, einfach nur noch zu günstigen Konditionen loswerden wollte. Bei der Trennungsverhandlung mit den Anwälten drohte mir mein Ex-Chef eine fristlose Kündigung an. Ohne rot zu werden, behauptete er, dass ich mich zwei Tage zuvor jenseits von Gut und Böse aufgeführt hätte, als ich noch mal ins Büro gekommen war. Mir fehlten die Worte. Ich erkannte den Mann nicht wieder. Spätestens jetzt vertraute ich ihm nicht mehr und wollte sicher nicht mehr ins Unternehmen zurück. Vielleicht bezweckte er auch genau das mit seinem Verhalten. Wie heißt es so schön? Der wahre Charakter zeigt sich in der Krise.

**Wie kam es dazu, dass du den Aufhebungsvertrag am Ende unterzeichnet hast?**

Aus privaten Gründen und um meine Familie zu schützen habe ich mich letztendlich für den Aufhebungsvertrag und gegen eine Klage entschieden. Ich wollte möglichst bald einen Schlussstrich ziehen und unterschrieb deshalb. Mein Anwalt und ich handelten aus, dass ich acht Monate bei vollem Gehalt freigestellt wurde. Zusätzlich erhielt ich eine angemessene Abfindung und meine Prämie für das laufende Geschäftsjahr. Meinen Dienstwagen behielt ich bis Jahresende. Laptop und Handy gab ich einige Tage nach Unterzeichnung des Aufhebungsvertrags ab.

Darüber hinaus vereinbarten wir, dass mir ein wohlwollendes qualifiziertes Arbeitszeugnis ausgestellt würde. Auf meinen Wunsch hin arbeiteten wir mit der Gegenseite außerdem ein detailliertes Schreiben aus, wie mit den Handels- und Geschäftspartnern kommuniziert werden sollte. Darin wurde klar geregelt, wie und mit welchem Wortlaut diese über mein Ausscheiden informiert würden. Eine im Aufhebungsvertrag eingebaute Klausel, dass das Arbeitsverhältnis einzig und allein auf Veranlassung des Arbeitgebers endete, um eine ansonsten unabdingbare betriebsbedingte Kündigung unter Einhaltung der ordentlichen Kündigungsfrist zu vermeiden, sollte eine Sperre durch das Arbeitsamt verhindern.

**Wie hat sich dein berufliches Umfeld dir gegenüber verhalten?**

Um mich herum herrschte Verunsicherung. Meine Mitarbeiter beobachteten die angespannte Situation über Monate hinweg. Die Teammitglieder hielten nicht mehr zusammen. Keiner wusste, wohin die Reise gehen würde. Die meisten duckten sich weg, hielten sich raus, hatten Angst, der oder die Nächste zu sein. Andere wiederum positionierten sich neu, schlugen sich auf die Seite des Produktionsleiters, vielleicht weil sie sich dadurch eine Verbesserung ihrer beruflichen Position erhofften. Das Beziehungsgeflecht spannte sich neu, das System kippte.

Einige Mitarbeiter wendeten sich nach der Trennung von mir ab oder blockten mich in den sozialen Netzwerken. Als ich zum Beispiel einen meiner Teamkollegen anrief, sagte der mir, dass es besser wäre, mich nicht mehr zu melden. Die Geschäftsleitung würde das nicht gerne sehen. Mehrere Versuche, ein Treffen mit meinen ehemaligen Kollegen zu vereinbaren, scheiterten. Stattdessen bekam ich einige Wochen später – genauer an Heiligabend – einen Brief und eine Flasche Rotwein zugestellt. Dem Schreiben entnahm ich, dass mein ehemaliges Team keinen direkten Kontakt mehr wünschte. Es fiel mir schwer, diese Zeilen nicht persönlich zu nehmen.

Nur wenige Menschen standen zu mir, sie stammten allesamt aus anderen Abteilungen. Ein Austausch fand nur noch heimlich statt, um deren berufliche Zukunft nicht zu gefährden. Viel Zuspruch bekam ich dagegen von Händlern und anderen Geschäftspartnern. Sie waren über mein plötzliches Ausscheiden überrascht, bedauerten meinen Weggang und wünschten mir weiterhin viel Erfolg. Ohne deren positive Resonanz hätte ich wohl nur noch mit dem, was passierte, gehadert und an mir selbst gezweifelt.

**Wie war dein letzter Arbeitstag?**

Das war der Tag, an dem das Kündigungsgespräch stattfand und ich freigestellt wurde. Danach kam ich nur noch einmal ins Büro. Es gab keine Gelegenheit, mich persönlich von geschätzten Kollegen zu verabschieden, denn ich war zu einer Persona non grata geworden. Der Zutritt zur Firma wurde mir durch ein schriftlich fixiertes Hausverbot bis auf Weiteres verwehrt.

**Hattest du zu dem Zeitpunkt eine Rechtsschutzversicherung?**

Nein, die hatte ich einige Jahre zuvor gekündigt. Unter anderen privaten Umständen und mit einer Arbeitsrechtsschutzversicherung im Rücken hätte ich nicht lange gezögert und mein Recht vor dem Arbeitsgericht eingefordert.

**Was würdest du aus heutiger Sicht anders machen?**

Ich hätte vor Gericht gehen sollen. Ich dachte, wenn ich den Aufhebungsvertrag unterzeichne, dann ist es vorbei. Das war aber nicht so. In mir steckten noch so viele Emotionen. Und so ging ich auf den Sportplatz und baute dort meine Wut ab.

**Wie ging es nach deinem Rauswurf in der Firma weiter?**

Im ersten Jahr nach meinem Ausstieg war ich noch sehr stark emotional mit der Firma verbunden. Über drei Ecken bekam ich immer wieder zugetragen, was dort geschah. Es ging drunter und drüber. Mein Nachfolger entpuppte sich als völlige Fehlbesetzung. Innerhalb kürzester Zeit brachte er das gesamte Team gegen sich auf und wurde nach nur drei Monaten wieder entlassen.

Mein narzisstischer Widersacher schaffte es, Gesellschafter zu werden. Die Geschäftsführung ließ sich von ihm beeinflussen und manipulieren. Er bekam viel Vertrauensvorschuss, was sich im Nachhinein als fatal für die Sicherheit und die Zukunftsfähigkeit des Unternehmens herausstellte. Warnsignale wurden nicht gesehen und Fehlentscheidungen getroffen, was zu großen Schäden führte. Als die Geschäftsführer den Produktionsleiter durchschauten, war es schon zu spät. Innerhalb eines Jahres wurde ihm der Gesellschafterstatus aberkannt, die Wege trennten sich wieder.

Die damals geplante Produktlinie gibt es bis heute nicht. Das Unternehmen geriet durch die Fehlinvestitionen wirtschaftlich in Schieflage, Mitarbeiter wurden entlassen. Die verbliebenen Gesellschafter waren sich plötzlich nicht mehr grün. Der betroffene Geschäftsbereich wurde aus dem Unternehmen ausgegliedert und in eine neue Gesellschaft überführt. Die strategische Neuausrichtung war gescheitert.

**War das für dich eine verspätete Genugtuung?**

Auf der einen Seite ja, weil mir im Vorfeld keiner geglaubt hatte, wen sich die Firma da ins Haus holte. Die Verantwortlichen mussten einen hohen Preis für diese Entscheidung zahlen. Auf der anderen Seite hätte ich gerne auf die Genugtuung verzichtet. Es tat mir schon weh zu sehen, wie das, was ich in fünf Jahren mit viel Herzblut aufgebaut hatte, innerhalb kürzester Zeit kaputt gemacht wurde.

**Wieso konntest du lange nicht loslassen?**

Das Abschiednehmen fiel mir echt schwer. Ich hatte das Unternehmen ja nicht auf eigenen Wunsch verlassen. Auch wenn der Arbeitgeber die Trennung angestoßen und ich einen Aufhebungsvertrag unterschrieben hatte, hieß das noch lange nicht, dass ich die Trennung auch akzeptierte. Mein Problem war: Ich konnte meinen Arbeitsplatz nicht einfach so loslassen. Schließlich hatte ich mich sehr mit meiner Arbeit identifiziert. Ich hatte mich verantwortlich gefühlt, als wäre es meine eigene Firma gewesen. Warum sollte ich etwas freiwillig aufgeben, dass ich mit viel Herzblut erfolgreich aufgebaut hatte?

Der Trennungsschmerz saß tief. Das Erlebte hatte mich emotional tief getroffen und mich auf eine Achterbahnfahrt der Gefühle mit starken Stimmungsschwankungen geschickt. Ich spürte Emotionen, von denen ich vorher nicht gewusst hatte, dass es sie gibt. Ich war aggressiv, hatte Rachegefühle und Gewaltfantasien. Solche Empfindungen tauchten aus dem Nichts auf, kamen wellenartig über mich und strömten durch meinen ganzen Körper. Ich, der ich von Natur aus besonnen, nüchtern und sachlich bin, war von dieser Intensität und Heftigkeit der Gefühle überfordert. Es war eine Illusion zu glauben, mit der Unterschrift unter dem Aufhebungsvertrag sei alles geregelt. Noch Monate später konnte ich emotional nicht loslassen. Und dadurch, dass die Kommunikationskanäle gekappt worden waren und sich viele Kollegen von mir abgewendet hatten, hatte ich kaum noch Gelegenheit, den wahren Grund für meine Kündigung zu erfahren. Ich war verwirrt, mein Kopfkarussell drehte sich unablässig im Kreis, mein Grübeln nahm kein Ende.

**Wie bist du mit den heftigen Emotionen umgegangen?**

Sport half mir ganz besonders dabei, diese starken Energien zu kanalisieren, auf andere Gedanken zu kommen und den Trennungsschmerz zu lindern.

**Wie ging es dann für dich weiter?**

Meinen emotionalen Tiefpunkt erlebte ich 18 Monate nach dem Jobverlust, als ich mitbekam, wie mein ehemaliges Team zu einer Messe fuhr und dort ausstellte. Dieser Event fand nur alle drei Jahre statt und war immer ein echter Höhepunkt. Dieses Mal war alles anders. Auf dem Messefoto fehlte eine Person: ICH. In dem Moment kam ich mir vor wie ausradiert und resignierte. Nie würde es eine Wiedergutmachung geben. Instinktiv wusste ich, dass jetzt endgültig der Zeitpunkt gekommen war, um endgültig loszulassen und mich bewusst für etwas Neues zu entscheiden. Andernfalls würde ich nicht mehr auf die Beine kommen.

Und so startete ich durch: Nur wenige Wochen später hatte ich einen Termin bei einer Markenberatung. Innerhalb kurzer Zeit stand mein Logo „Ich wurde gefeuert – zum Glück" fest und ich machte mich damit selbstständig. Einige Monate danach ging meine Webseite online.

**Welche anderen Szenarien schwebten dir vor?**

Lange hatte ich über andere Optionen nachgedacht. Ich bewarb mich auf Stellen im Marketing, Geschäftsführerposten und überlegte auch, als Gesellschafter in eine Firma einzusteigen. Entweder zerschlugen sich die Vorhaben oder mein Bauchgefühl sagte mir, dass noch nicht das Richtige dabei war. Der Gedanke, etwas Eigenes aufzubauen, motivierte mich dagegen so sehr, dass ich ins Tun kam und zu alter Stärke zurückkehrte.

**Wie war dein Stresslevel in dieser für dich schwierigen Zeit?**

Extrem hoch! Ich befand mit damals wochenlang in einem psychischen Ausnahmezustand.

**Bist du eher jemand, der die Dinge mit sich selbst ausmacht?**

Ja, das bin ich. Ich brauche den Rückzug, um zu mir zu kommen und mich zu besinnen.

**Wenn du zurückblickst: Wo stehst du aktuell im Ablösungsprozess von der alten Firma?**

Inzwischen habe ich komplett losgelassen, das war ein langer Weg. Mein emotionaler Tiefpunkt war gleichzeitig die große Wende im gesamten Veränderungsprozess. Sobald ich akzeptiert hatte, dass ich nicht auf Wiedergutmachung zu warten brauchte, ging es allmählich leichter und ich schaute wieder nach vorne.

Und dann ist noch etwas passiert, womit ich gar nicht gerechnet hatte: Fast vier Jahre nach meiner Kündigung traf ich zufällig meinen alten Chef. Wir blickten uns an, konnten beide nicht ausweichen und begrüßten uns per Handschlag. Ich packte die Gelegenheit beim Schopf und bat ihn um ein Gespräch. Wir verabredeten uns zum Mittagessen und ich habe mich tatsächlich mit ihm ausgesöhnt. Er entschuldigte sich für das, was geschehen war, und ich konnte ihm vergeben. Seitdem ist bei mir Frieden eingekehrt.

**Wann war dir klar, dass die Kündigung für dich positiv war?**

Das hat sehr lange gedauert. Damit, dass ich nicht mehr zur Arbeit ging, fing das Niemandsland an. Ich konnte oder wollte das alte Unternehmen nicht loslassen. Der Zorn war noch da und in mir kamen immer wieder starke Emotionen hoch. Dieser Prozess des Loslassens gestaltet sich ganz individuell. Ein respektvoller Umgang im Zusammenhang mit der Kündigung macht es leichter. Wenn man gefeuert wird, zieht es einem erst einmal den Boden unter den Füßen weg. Das zermürbt und es dauert viel länger, bis Kraft und Zuversicht zurückkehren. Erst jetzt in der Selbstständigkeit komme ich wieder in den Flow. Wenn ich heute über meine Kündigung spreche, berührt mich das nicht mehr. Mich interessiert auch nicht mehr, wie es mit dem Unternehmen weitergeht.

**Was hätte dein Arbeitgeber bei der Kündigung deiner Meinung nach besser machen können?**

Mir hätte es geholfen, wenn er human und fair mit mir als Mitarbeiter umgegangen wäre und mit offenen Karten gespielt hätte – von Anfang an. Und er hätte mir ein faires Angebot machen können, das wäre für mich in Ordnung gewesen. Schließlich hatte ich sehr viel Herzblut in das Unternehmen gesteckt. Häufig kommunizieren die Unternehmen so: Sie sagen, dass sie eine andere Richtung einschlagen wollen, und sprechen offen darüber. Trennungen sind ja nicht außergewöhnlich, nur spricht niemand darüber. Die betroffene Person sollte sich verabschieden können und die Gründe für die Kündigung erfahren. Letztendlich schadet es dem Arbeitgeber, wenn sich die Kündigung ungut gestaltet. Denn so geht Vertrauen verloren.

**Und nun noch eine Frage zum Schluss, die du in deinen Interviews fast immer stellst. Dein Slogan lautet: „Ich wurde gefeuert – zum Glück." Was ist dein Glück?**

Heute bin überzeugt davon, dass der Ausstieg aus der Firma gut für mich war. Ich bin froh und dankbar, dass alles so kam, wie es war! Denn dadurch war ich gezwungen, etwas Neues zu beginnen. Von selbst zu gehen, die Komfortzone zu verlassen und alles Vertraute zurückzulassen, dazu wäre ich nicht bereit gewesen. Mit Mitte 40 beruflich bei null anzufangen und eine Selbstständigkeit aufzubauen war zwar am Anfang hart, brachte mir aber viele Vorteile: eigenständiges Arbeiten und Entscheiden, freie Zeiteinteilung und Arbeitsplatzwahl, mehr Qualitätszeit mit der Familie. Mit 40 hatte ich im Berufsleben schon einiges hinter mir. Ich wusste, wie die Arbeitswelt tickt und worauf es ankommt, wenn ich erfolgreich sein wollte. Dieses Wissen habe ich genutzt. Ein denkbar guter Zeitpunkt also, den Sprung ins kalte Wasser zu wagen und eine völlig neue Richtung einzuschlagen.

Vor einigen Jahren habe ich in der Tageszeitung einen Spruch gelesen, der mich nicht mehr losgelassen hat und der für mich heute mehr denn je aktuell und zutreffend ist. Er lautet: „Es kommt eine Zeit im Leben, da bleibt einem nichts anderes übrig, als seinen Weg zu gehen. Eine Zeit, in der man die eigenen Träume verwirklichen muss. Eine Zeit, in der man endlich für die eigenen Überzeugungen eintreten muss." Leider kann ich nicht mehr sagen, von wem er stammt. Mir hat er geholfen, denn oft wird erst Jahre nach einer beruflichen Katastrophe sichtbar, wofür sie eigentlich gut war. Für mich gilt: Ich musste all das zurücklassen, was ich in der alten Firma erfolgreich aufgebaut hatte, weil es nicht mehr dem entsprach, was mich im tiefsten Kern ausmacht. Ich möchte authentisch und wahrhaft sein dürfen – mir selbst treu sein. Das ist mein Glück!

# Kapitel 1: Job weg – eine Kündigung kann viele Gesichter haben

Die Wahrscheinlichkeit, im Lauf des Berufslebens den eigenen Job aufzugeben oder zu verlieren, ist hoch. Der Weg dorthin verläuft sehr individuell. Generell gibt es verschiedene Auslöser und Umstände, die dazu führen:

- Der Mitarbeiter kündigt selbst. Er verlässt seinen Arbeitsplatz freiwillig, um den nächsten Karriereschritt zu gehen oder weil er generell mit der Arbeitsstelle unzufrieden ist und einen Schlussstrich ziehen möchte.
- Die berufliche Phase hat ein natürliches Ende. In diesem Fall endet der Vertrag, weil zum Beispiel die Ausbildung abgeschlossen ist, die Befristung ausläuft oder der Eintritt in die Rente vollzogen wird.
- Die beteiligten Parteien finden eine einvernehmliche Lösung in Form eines Aufhebungsvertrags. Die Initiative zur Beendigung des Arbeitsverhältnisses geht entweder vom Arbeitgeber oder vom Arbeitnehmer aus.
- Der Arbeitgeber spricht die Kündigung aus.

Erste Hinweise darauf, welche Gründe eine Rolle spielen können, liefert das Arbeitsrecht. Eine Kündigung kann ordentlich oder außerordentlich (= fristlos) erfolgen. Gemäß § 1 des Kündigungsschutzgesetzes (KSchG) wird bei den ordentlichen Kündigungen nach betriebs-, personen- oder verhaltensbedingten unterschieden. Eine außerordentliche Kündigung erfolgt gemäß § 626 BGB bei schwerwiegendem Fehlverhalten.

Die im Folgenden vorgestellten Zahlen basieren auf der Kündigungsstudie der Firma One Logic. Sie untersuchte 785 Kündigungsfälle von Arbeitnehmern aus Deutschland im Jahr 2018. In die Auswertung wurden gekündigte Arbeitnehmer einbezogen, die über eine Rechtsschutzversicherung verfügten und die Rechtsanwaltskanzlei Ratis beauftragt hatten. Die vorliegenden Daten liefern wertvolle Hinweise, auch wenn sie, gemessen an der Anzahl aller Arbeitnehmer in Deutschland, statistisch als nicht signifikante Stichprobe eingestuft werden.[2] Im Jahr 2018 wurden 86 Prozent der Arbeitnehmer ordentlich gekündigt, nur 14 Prozent nach einem schweren Verstoß fristlos entlassen. Ordentliche Kündigungen erfolgen meist betriebsbedingt. Das entspricht insgesamt 68 Prozent der Arbeitnehmer. 23 Prozent haben aus personenbedingten und lediglich neun Prozent aus verhaltensbedingten Gründen eine Kündigung erhalten.

Zu abweichenden Ergebnissen kommt eine Studie der Münchner Wirtschaftskanzlei Heisse Kursawe Eversheds von 2014. Sie wertete die Daten zu 512 Kündigungsschutzverfahren aus, für die sie 380 Unternehmen beauftragt hatten. Bei ihrer Analyse wurden Fälle aus verschiedenen Branchen berücksichtigt, die zwischen dem 1.4.2012 und dem 30.9.2013 angelegt und bis zum 30.5.2014 abgeschlossen worden waren. Zusätzlich flossen die Ergebnisse aus 30 qualitativen Einzelinterviews mit zehn Rechtsanwälten für Arbeitsrecht und 20 Personalchefs oder Geschäftsführern von Unternehmen ein. Die Studie erfasste nur arbeitgeberseitige Kündigungen, da Kündigungsschutzverfahren lediglich in solchen Fällen möglich sind. Demnach hatten 73 Prozent aller Kündigungen durch den Arbeitgeber „betriebsbedingte" Gründe, 24 Prozent der Kündigungen waren verhaltensbedingt, 2,4 Prozent personenbedingt; die restlichen Gründe wurden nicht offengelegt.[3]

Auch wenn die zwei Studien zu unterschiedlichen Ergebnissen kommen, ist eines auffällig: Bei sieben von zehn Kündigungen zieht der Arbeitgeber aus betriebsbedingten Gründen die Reißleine. Hier ist der Verlust des Arbeitsplatzes nicht selbstverschuldet, der Mitarbeiter hat nicht gegen Firmenregeln verstoßen oder sich anderweitig unange-

---

[2]  One-Logic GmbH: Kündigungsstudie, 22.3.2019, www.onelogic.de/ kuendigungsstudie, letzter Abruf am 24.9.2020; siehe auch ratis.de/ presse/kuendigungsstudie-2018, letzter Abruf am 24.9.2020

[3]  Stephan Maaß: „Dienstags wird fast nie ein Mitarbeiter gekündigt", Die Welt, 27.6.2014, https://www.welt.de/wirtschaft/karriere/article129519343/Dienstags-wird-fast-nie-ein-Mitarbeiter-gekuendigt.html, letzter Abruf am 24.9.2020

messen verhalten. Dies bedeutet, dass der Jobverlust oft eben nichts mit dem Individuum an sich zu tun hat, also nicht verhaltens- oder personenbedingt ist.

Dieses Buch konzentriert sich im Folgenden auf das Feld der betriebsbedingten Kündigungen, einvernehmliche Trennungen sowie auf Fälle, in denen der Arbeitnehmer selbstbestimmt entscheidet, das Unternehmen zu verlassen.[4] Auslöser für betriebsbedingte Kündigungen gibt es viele:

- Strategische und unternehmenspolitische Maßnahmen, die zum Beispiel in renditegetriebenen Unternehmen dazu dienen, die Profitabilität zu verbessern
- Stilllegungen, Insolvenzen, Betriebsverlagerungen ins Ausland
- Restrukturierungen, Sanierungen
- Fusionen, Übernahmen
- Kostensenkungsprogramme oder Budgetkürzungen
- Effektivere Geschäftsprozesse
- Absatzschwierigkeiten, Auftrags- und/oder Umsatzrückgang
- Einführung neuer technischer Arbeitsmethoden oder veränderter Fertigungsverfahren
- Fremdvergabe von Arbeiten (Outsourcing)
- Wegfall von Drittmitteln zur Finanzierung von Stellen
- Witterungsbedingungen, die bestimmte Tätigkeiten für einen längeren Zeitraum unmöglich machen[5]

Im folgenden Kapitel geht es nun darum zu untersuchen, welche äußeren Markt- und Rahmenbedingungen auf Unternehmen und ihr Handeln einwirken.

---

[4] Eine Übersicht an verhaltens- und personenbedingten Kündigungsgründen liefert Karrierebibel unter https://karrierebibel.de/kuendigungsgruende, letzter Abruf am 14.9.2020

[5] Vergleiche Karrierebibel, https://karrierebibel.de/betriebsbedingte-kundigung, 17.6.2020, letzter Abruf am 22.9.2020

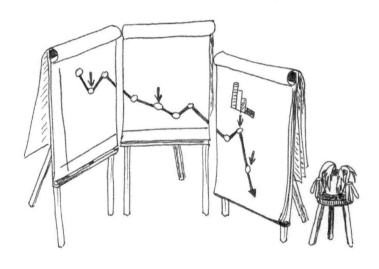

# Kapitel 2: Das Marktumfeld – Wirtschaft und Gesellschaft

Im Blickfeld stehen an dieser Stelle externe Einflüsse, die dazu führen, dass Unternehmen in eine Schieflage geraten und sich letztendlich von ihren Mitarbeitern trennen (müssen). Dazu zählen unter anderem Veränderungen im Marktumfeld, neue technische Entwicklungen, gesellschaftliche Trends und Megatrends, politisch-rechtliche Rahmenbedingungen, ökologische Aspekte oder auch außergewöhnliche Phänomene wie das Auftreten von Covid-19 und die Corona-Pandemie.

Unser Wirtschaftssystem basiert nach wie vor auf dem Leistungs- und Schaffensprinzip mit dem Ziel, möglichst viel Gewinn zu erwirtschaften. Das ist vor allem in börsennotierten Firmen oberste Maxime. Der Wettkampf um die Spitzenplätze in den Märkten und Branchen nimmt immer mehr zu. Der Druck, schneller und besser als die Konkurrenz zu sein, steigt von Jahr zu Jahr. Im letzten Jahrzehnt war die wirtschaftliche Lage in Deutschland sehr gut, für viele Unternehmen ging es immer weiter nach oben. Doch inzwischen sind viele Märkte gesättigt, der Wettbewerb ist hart. Manche Geschäftsmodelle haben sich überholt. Betriebe müssen flexibel und ständig zur Veränderung bereit sein, um am Markt bestehen zu können. Nur wer sich differenziert und von anderen abhebt, hat die Nase vorn und überlebt langfristig.

Bietet ein Unternehmen keine klar erkennbaren Wettbewerbsvorteile, entscheidet bei den Kaufangeboten der Preis, das führt zu Kostendruck. Der wiederum bewirkt, dass Prozesse und Abläufe permanent optimiert werden, um ganze Kostenblöcke, etwa für Personal, schlank zu halten. Um der Kostenfalle und dem Preiskampf zu entgehen, setzen schlagkräftige Firmen auf Produktinnovationen. So wollen sie sich eine komfortable Marktposition sichern. Produktzyklen werden kürzer, der Druck, ständig nachzulegen und mitzuhalten, lastet auf den Unternehmen. Wer nicht Schritt hält, läuft Gefahr, am Markt verdrängt zu werden. Die Mitarbeiter werden dabei oft nur noch als eine Ressource, als Kostenfaktor gesehen – nicht mehr als individuelle Menschen.

## Arbeiten in der modernen Welt

Gleichzeitig stehen wir am Anfang einer neuen industriellen Revolution hin zur Industrie 4.0. Die Entwicklungen bei Digitalisierung, Automatisierung und künstlicher Intelligenz werden unsere Art zu leben und zu denken sowie unseren Arbeitsmarkt in den kommenden Jahren komplett auf den Kopf stellen. Und das Tempo dieser Veränderungen ist rasant.

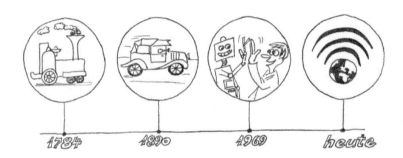

Zukünftig werden wir uns mit Themen wie Demografie, Klimawandel und Fachkräftemangel verstärkt auseinandersetzen müssen. Laut Statistischem Bundesamt werden 2024 die Bevölkerungszahlen in Deutschland erstmals zurückgehen. Das wird unsere Wirtschaft und Gesellschaft radikal verändern. Konkret soll die Zahl der Beschäftigten bis 2030 um 3,4 Millionen sinken. Gleichzeitig gehen drei Millionen Menschen mehr in Rente. Auch die Alterung der Bevölkerung wird sich stark auf den Arbeitsmarkt auswirken.[6]

Die sich wandelnden politischen und rechtlichen Rahmenbedingungen zwingen die Unternehmen ebenfalls dazu, ihre Geschäfts- und Betriebs-

---

[6] Hannah Schwär: Forscher zeigen an 7 Beispielen, wie radikal sich Deutschland in den nächsten 10 Jahren verändern wird, 23.12.2019, https://www.businessinsider.de/wirtschaft/forscher-zeigen-an-7-beispielen-wie-radikal-sich-deutschland-in-den-naechsten-10-jahren-veraendern-wird, letzter Abruf am 11.8.2020

modelle zu überdenken und anzupassen. Das gilt national und international und betrifft ganz unterschiedliche Unternehmensbereiche, zum Beispiel Rechenschaftspflichten, Arbeitssicherheit, Personalwesen und Nachhaltigkeit.

## Corona: wie eine Pandemie das Wirtschaftsleben in den Ausnahmezustand versetzt

In diesem Umbruch trifft uns ein Ereignis besonders hart: die Corona-Pandemie, die seit Anfang 2020 unseren Alltag massiv bestimmt. Damit hatte keiner gerechnet: Ein Virus erfasst die gesamte Welt. Das Leben, wie wir es bis dahin kannten, wurde auf den Kopf gestellt. Von heute auf morgen wurde alles auf ein Minimum heruntergefahren, um die Ausbreitung des Virus zu stoppen. Das hatte es in dieser Form noch nie gegeben. Die langfristigen Folgen der Maßnahmen für Wirtschaft, Staat und Gesellschaft sind derzeit noch nicht absehbar. Millionen von Arbeitnehmern wurden auf Kurzarbeit ins Homeoffice geschickt, Schulen geschlossen, Rettungsschirmpakete in Windeseile von der Regierung beschlossen und auf den Weg gebracht. Die Auswirkungen auf das gesellschaftliche Leben und die Wirtschaft werden noch lange zu spüren sein, vor allem da diese Krise den ganzen Globus betrifft.

Aktuell stecken wir noch mittendrin in der Krise. Die Zeitungen sind voll von Nachrichten über Unternehmen, die über Nacht herbe Einbußen hinnehmen mussten und monatelang ihre Geschäftätigkeit nicht ausführen konnten. Besonders hart trifft es die Tourismusbranche, Hotels und Gaststätten, den Luftverkehr, die Schifffahrt, die Industrie, die Filmbranche und Kreative. Laut ifo Institut ist die Existenz jedes fünften Unternehmens in Deutschland bedroht, vielen Betrieben droht Insolvenz.

Im internationalen Vergleich steht Deutschland ganz gut da.[7] Nach Einschätzung der „Süddeutsche Zeitung" wird Corona 2020 in den In-

---

[7] Alexander Hagelüken: „OECD befürchtet 25 Millionen Arbeitslose mehr", Süddeutsche Zeitung, 7.7.2020, www.sueddeutsche.de/wirtschaft/corona-krise-oecd-befuerchtet-25-millionen-arbeitslose-mehr-1.4959427, letzter Abruf am 11.8.2020

dustriestaaten weltweit drastische Folgen für den Arbeitsmarkt haben. Die Arbeitslosigkeit werde sich nahezu verdoppeln. Die Organisation für wirtschaftliche Zusammenarbeit und Entwicklung (OECD) befürchtet, dass die Zahl der Arbeitslosen um mehr als 25 auf 60 Millionen ansteigen wird.[8]

Der deutsche Arbeitsmarkt hält sich ebenfalls auf vergleichsweise gutem Niveau. Die Arbeitslosenrate in Deutschland war vor der Krise niedrig gewesen, das Institut für Arbeitsmarkt- und Berufsforschung schätzt, dass die Beschäftigung in Deutschland durch Corona um 25 Prozent weniger zurückgehen wird als in den übrigen OECD-Mitgliedsstaaten. Es rechnet für 2020 im Jahresschnitt mit 2,8 Millionen Arbeitslosen, das wären 500.000 mehr als 2019. Als Gründe dafür, dass die Corona-Krise in Deutschland bislang eher glimpflich abgelaufen ist, sieht die OECD die umfangreiche Testung, das gute Gesundheitssystem, das System der Kurzarbeit und die zwei großen wirtschaftlichen Rettungspakete, die Deutschland geschnürt hat.[9] Was sich in dieser Form zunächst einmal ganz gut anhört, hilft den Menschen, die von den Auswirkungen unmittelbar betroffen sind, natürlich nicht weiter.

Die Pandemie trägt dazu bei, dass sich die Transformationsprozesse in der Gesellschaft und der Wirtschaft noch einmal beschleunigen. Noch deutlicher als sonst wird sichtbar, was sich verändern muss, weil es einfach nicht mehr funktioniert. Das wirkt sich auf ganz unterschiedliche Art aus. So ist das Internet weiterhin auf dem Vormarsch und gewinnt immer mehr an Bedeutung. Für Verbraucher ist das Online-Shopping nicht mehr wegzudenken. Je nach Branche und Produkt werden herkömmliche Verkaufsfilialen überflüssig und fallen weg. Die Umstände in der Corona-Zeit verstärken dies noch. Die Pandemie verändert nicht nur unser Kaufverhalten, sondern führt auch zu großen Umbrüchen in der Arbeitswelt.

Beispielsweise hat sich das Homeoffice bereits in weiten Teilen durchgesetzt, auch werden weniger Geschäftsreisen unternommen. Dies

---

[8] Ebda.
[9] Ebda.

wirkt sich auf Hotels, Gaststätten sowie Fluggesellschaften aus. Sie sind stark von der aktuellen Krise betroffen und gezwungen, sich auf die neuen Bedingungen und Bedürfnisse zukünftig noch besser einzustellen. Ansonsten drohen weitere hohe Einbußen, im schlimmsten Fall Insolvenz. Die Autoindustrie und das Bankwesen gehören zu den Branchen, die sich bereits vor Ausbruch von Corona am Rande eines umfassenden Wandlungsprozesses befanden oder bereits mittendrin waren. Wie sich die Arbeitsmarktzahlen hier entwickeln werden, bleibt abzuwarten. In jedem Fall wird hier am meisten Bewegung nötig sein, um mit den fortlaufenden Veränderungen Schritt halten und langfristig am Markt bestehen zu können.

Der Veränderungsprozess in Hinblick auf die genannten Themenkomplexe hat große Auswirkungen auf den Arbeitsmarkt. Als Folge kommt es zu permanentem Kosten- und Veränderungsdruck, der letztendlich in Stellenabbau durch Insolvenzen, Werkschließungen, die Verlagerung von Standorten ins Ausland, Fusionen, Restrukturierungen oder Filialschließungen mündet. Arbeitsplätze verschwinden, doch es werden auch neue geschaffen. Anforderungen und Tätigkeiten wandeln sich, die Produktionen werden effizienter und innovative Produkte kommen auf den Markt.

## Arbeitsmarkt der Zukunft

Es gibt verschiedene Szenarien, die aufzeigen, was die aktuelle Transformation bringen wird. Dabei geht es auch darum, welche Aufgaben Computer und Roboter in der Arbeitswelt und in unserem Alltag übernehmen und ob Menschen dann noch adäquate Jobs finden werden. Laut einer Arbeitsmarktprognose des Bundesministeriums für Arbeit und Soziales (BMAS) für 2030[10] wird es in diese Richtung gehen: In Zukunft werden vor allem Sozial- und Gesundheitsberufe, Manager

---

[10] Bundesministeriums für Arbeit und Soziales (BMAS) (Hg.): Arbeitsmarktprognose 2030, Stand Juli 2013, http://www.bmas.de/SharedDocs/Downloads/DE/PDF-Publikationen/a756-arbeitsmarktprognose-2030.pdf?__blob=publicationFile, letzter Abruf am 11.8.2020

und leitende Angestellte sowie technische Berufe die größte Rolle spielen. In der IT, im Handwerk und im Pflegebereich wird schon jetzt händeringend Personal gesucht. Hingegen werden vor allem Jobs in den Fertigungsberufen, in der Verwaltung und in Büros verloren gehen. Manche Berufsbilder werden im Lauf der Zeit komplett vom Arbeitsmarkt verschwinden.

Im Zuge der Digitalisierung sind bereits neue Berufszweige entstanden, zum Beispiel der Data-Scientist, der Mobile Developer oder der Take-to-Market-Analyst. In Zukunft wird es auch Berufe wie Roboterberater, Drohnenverkehrsmanager oder Kryptowährungsspezialisten geben, um nur einige zu nennen. Klar zeichnet sich ab, dass gute Bildung immer wichtiger wird. Wissen ist die Kompetenz, die immer stärker gefragt sein wird.

Zusammenfassend lässt sich festhalten, dass sich am Arbeitsmarkt schon vieles verändert hat und sich noch vieles verändern wird. Wer sich rechtzeitig mit den Entwicklungen dort beschäftigt, dem fällt es leichter, in einer Jobkrise aktiv zu werden und die Chancen für sich selbst zu erkennen. Was also wird in Zukunft noch wichtiger für alle Berufstätigen?

- Nicht nur über Risiken und Unsicherheiten, sondern auch über die vielfältigen Möglichkeiten nachdenken, die uns heute noch gar nicht bewusst sind
- Bereitschaft zur Veränderung sowohl auf beruflicher als auch auf persönlicher Ebene
- Beständige Aus- und Weiterbildung, um sich gut positionieren und gut vorbereiten zu können
- Eigenverantwortung übernehmen
- Die hohe Kunst der Selbstführung kennen und anwenden
- Hinfallen, aufstehen und weitergehen: Berufliche Umbrüche gehören einfach dazu!
- Sich aus Abhängigkeiten befreien, wissen, wer man ist!
- Sein kreatives Potenzial nähren und ausbauen

# Elke D.: Jobverlust während der Corona-Krise mit 57 Jahren

Geburtsjahr: 1963
Jahr der Kündigung: 2019
Dauer der Betriebszugehörigkeit: 13 Jahre
Kündigungsgrund: Wegfall des Aufgabengebiets
Erster Gesprächstermin: Februar 2020
Letzter Gesprächstermin: Juni 2020

*Elke D. steckte mitten in der Corona-Krise im beruflichen Umbruch. Sie war 57 Jahre und hatte 13 Jahre lang als Abteilungsleiterin in einem Unternehmen gearbeitet, das Möbelelemente für die Automobilindustrie herstellt. Dort verantwortete sie den After-Sales-Bereich und war für die weltweite Transportabwicklung, Montagekoordination, Fakturierung sowie Versandlogistik verantwortlich. Die inhabergeführte AG reduzierte die Belegschaft in den letzten zwei Jahren um die Hälfte, bislang mussten mehr als 50 Mitarbeiter gehen. Dann endete auch ihr Arbeitsverhältnis.*

**Wie war dein Chef? Wie war das Betriebsklima?**

So hart es klingen mag: Mein Chef war ein dominanter und wankelmütiger Narzisst. Unter seiner Führung war keine klare Linie erkennbar, Vision und Strategie Fehlanzeige. Die Mitarbeiter verstanden sich grundsätzlich gut, waren jedoch durch die Unternehmensleitung verunsichert. Es herrschte überwiegend Abteilungsdenken.

**Was ist passiert?**

Umstrukturierungsmaßnahmen führten dazu, dass mein Ressort in die Abteilung Vertrieb integriert wurde. Mich versetzte man in das Team Neuprojekte. Das kam im Grunde einer Degradierung gleich. Der neue Tätigkeitsbereich entsprach von Inhalt und Anforderungen her nicht dem Niveau meiner vorherigen Position als Abteilungsleiterin. Stattdessen erledigte ich nun Supportarbeiten für den Teamleiter. Es fanden einige Gespräche mit dem Vorstand, dem Aufsichtsrat und dem Personalleiter statt, die vorwiegend sachlich geführt wurden.

**Wie kam es zur Kündigung? Wie verlief das Trennungsgespräch?**

Die Firma bot mir eine extrem niedrige Abfindung an, die ich wegen der Höhe ablehnte. Daraufhin wurde mir eine Änderungskündigung[11] vorgelegt, die ich „vorbehaltlich der rechtlichen Prüfung" entgegennahm. Damit würde ich im Unternehmen bleiben können, auch wenn meine bisherige Aufgabe betriebsbedingt wegfiele. Ich schaltete einen Anwalt ein. Als klar wurde, dass kein Kompromiss möglich war, reichte ich Klage ein. Als Reaktion darauf weigerte sich die Geschäftsführung, mir ein qualifiziertes Arbeitszeugnis auszustellen. Auch eine allen Mitarbeitern zustehende Sonderzahlung wurde mir nicht ausbezahlt mit der Erklärung, dass ich sie erst bekäme, wenn ich die Klage zurücknähme, oder sie eben einklagen müsse.

---

[11] Unter Änderungskündigung wird die Kündigung eines Vertrags verstanden, mit der eine Änderung der Bedingungen zwischen zwei Vertragspartnern herbeigeführt wird, nach der aber das vertragliche Verhältnis (mit den geänderten Bedingungen) fortgesetzt wird

Der ehemalige Vorstandsvorsitzende, der inzwischen im Aufsichtsrat sitzt, versuchte zu schlichten, indem er mir vorschlug, als Assistenz für den jetzigen Vorstand zu arbeiten. Doch das hätte bedeutet, einer alleinstehenden Kollegin, die über 60 ist, aber aus finanziellen Gründen noch nicht in Rente gehen kann, den Arbeitsplatz wegzunehmen. Da zudem die Vertrauensbasis zur Führungsriege durch deren vorangegangene Aktionen nachhaltig gestört war, lehnte ich ab.

Nach einigen Wochen beschied dann das Arbeitsgericht per Urteil das Ende meines Arbeitsverhältnisses. Mir wurde eine höhere Abfindungssumme zugesprochen, als mir zunächst angeboten worden war. So hatte ich es mir gewünscht und ich fühlte mich sehr erleichtert.

**Was war die stärkste Emotion?**

Ich war einfach nur enttäuscht.

**Wie hat dein berufliches Umfeld reagiert?**

Die Mitarbeiter meiner Abteilung und die meisten Kollegen waren mir gegenüber loyal. Sie reagierten mit Bedauern und Unverständnis auf mein Ausscheiden. Meine Familie, Freunde und viele andere Menschen haben mir in der Situation geholfen, mir Mut gemacht und mich unterstützt.

**Du hattest eine Rechtsschutzversicherung. Welche Vorteile ergaben sich dadurch?**

Ich hatte die Versicherung bereits 18 Monate zuvor abgeschlossen, als die Firma in Schieflage geriet, die Wartezeit war also schon beendet. In der Regel greift der Rechtsschutz ja erst mehrere Monate nach Vertragsabschluss. Mit der Änderungskündigung konnte ich die Leistungen folglich direkt in Anspruch nehmen.

Mein Eigenanteil machte 150 Euro aus, weitere finanzielle Belastungen kamen nicht auf mich zu. Ganz im Gegenteil: Mit der Rechtsschutzversicherung im Rücken fiel es mir deutlich leichter, mein Recht gerichtlich einzufordern und Klage einzureichen, denn sie übernahm komplikationslos die anfallenden Kosten. Das Miteinander zwischen mir, meinem Anwalt und der Versicherung funktionierte einwandfrei. Ich bekam zuerst eine Rechtsberatung. Dann gab ich meinem Anwalt die Freigabe, Klage einzureichen und alle weiteren Schritte unmittelbar mit der Versicherung abzuklären.

**Wie erging es dir auf der Suche nach einem neuen Job?**

Ich war gut ausgelastet: In zwei Monaten schrieb ich 30 Bewerbungen, wurde zu mehreren Vorstellungsgesprächen eingeladen und führte ein paar Telefoninterviews. Über eine Initiativbewerbung kam ich dann zu einem neuen Job im Vertrieb. Dort bekam ich allerdings 20 Prozent weniger Gehalt als vorher. Eigentlich sollte ich im Frühjahr 2020 anfangen. Doch wegen der Corona-Krise konnte die Einarbeitung nicht wie vereinbart erfolgen und mein Eintrittstermin verschob sich um einen Monat.

**Und dann kam doch noch alles ganz anders als gedacht ...**

An meinem zweiten Tag im neuen Job bekam ich plötzlich die Zusage für eine andere Stelle, auf die ich mich parallel beworben hatte. Ich hatte bereits mehrere Gespräche geführt, jedoch noch keine endgültige Zusage erhalten. Die Rahmenbedingungen stimmten. Finanziell war es so, wie ich es mir vorgestellt hatte, Arbeitsklima und Aufgabenstellung so, wie ich es mir gewünscht hatte. Ich nahm an und kündigte die andere Stelle. Dort war man zwar traurig und enttäuscht, legte mir aber keine Steine in den Weg. Ganz im Gegenteil, mir wurde der Wiedereinstieg zu besseren Konditionen angeboten, sollte es sich mit der neuen Stelle nicht so entwickeln wie gedacht.

Inzwischen habe ich die neue Stelle angetreten. Ich fühle mich wohl, das Arbeiten macht Spaß, ist vielfältig und spannend. Ein erstes Feedbackgespräch hatte ich auch schon. Mein neuer Chef äußerte sich positiv, wie schnell ich mich in meiner neuen Position als Büroleitung/ -Assistenz des Vorstands eingearbeitet habe. Letztendlich hat Corona also keine Rolle gespielt. Es hat einfach gepasst.

**Was würdest Du heute anders machen?**

Insgesamt gestaltete sich die Arbeitsuche schwierig. Ich denke, das hatte mit meinem Alter zu tun, immerhin bin ich inzwischen 57 Jahre. Schade fand ich, dass es heute wohl üblich ist, kein Feedback zur eingereichten Bewerbung zu erhalten. Früher hatte ich überhaupt keine Probleme, neue adäquate Stellen zu finden. Ich hätte schon früher nach einer Jobalternative suchen und mein Netzwerk stärker erweitern sollen. Und zwar schon zu dem Zeitpunkt, als sich aus gutem Grund die Frage stellte, wie es mit dem Unternehmen in Zukunft weitergehen würde.

**Wo stehst du aktuell in deinem persönlichen Ablösungsprozess vom alten Arbeitgeber?**

Ich habe das Alte längst losgelassen und schaue in die Zukunft. Allerdings arbeitet mein Mann in eben dieser Firma, sodass deren Schicksal weiterhin eine Rolle für mich spielen wird. Auch bin ich dort tollen Menschen begegnet, zu denen ich weiterhin privaten Kontakt pflege. Beruflich habe ich viel dazulernen dürfen.

Ansonsten bin ich froh, dass ich in ein neues Umfeld gekommen bin. Mir ist es wichtig, zu den Werten stehen zu können, die ich für richtig halte. Dazu gehören Teamgeist, eine offene Kommunikation und Zielstrebigkeit. Ich bin ein geradliniger Mensch und bevorzuge ein proaktives sowie ehrliches Miteinander. Was ich gar nicht mag, sind Intrigen, Mauscheleien oder fachliche Inkompetenz – deshalb war es gut für mich zu gehen.

**Wie war dein Stresslevel in dieser für dich schwierigen Zeit?**

Ich versuchte, auf der Sachebene zu bleiben und den emotionalen Stress möglichst zu reduzieren, was mir auch meistens gelang. Zum Großteil habe ich die Dinge mit mir selbst ausgemacht. Zwischendurch überkamen mich aber auch Zweifel, ob es nicht doch an mir und nicht an den Umständen lag, dass ich meinen Job verloren hatte. Dieses Hadern hielt zum Glück nie lange an.

**Mein Slogan lautet: „Ich wurde gefeuert – zum Glück."  Was ist dein Glück?**

Mein Glück hat viele Facetten. Genauer gesagt besteht es darin, dass ich in der alten Firma meinen Mann kennengelernt habe, dass ich meine Lockerheit zurückgewonnen habe, dass ich aus dem alten Trott heraus bin, dass Energien für eine neue berufliche Aufgabe freigesetzt wurden, dass ich jetzt wieder neu und optimistischer in die Zukunft schauen kann und dass die negativen Emotionen, die sich eingenistet hatten, verschwunden sind.

## Martina K.: Entlassung nach Standortverlagerung

Geburtsjahr: 1974
Jahr der Kündigung: 2018
Dauer der Betriebszugehörigkeit: fünf Jahre
Kündigungsgrund: Standortverlagerung ins Ausland
Erster Gesprächstermin: Dezember 2018
Letzter Gesprächstermin: Oktober 2019

*Martina K. war fünf Jahre lang im strategischen Marketing für eine mittelständische Firma im Einsatz. Sie führte Vertrags- und Jahrespreisverhandlungen und war für die Kommunikation mit externen Agenturen verantwortlich. Darüber hinaus war sie zuständig für die Organisation und Durchführung von Kundenveranstaltungen, Messeauftritten und Produktstarts. Schon länger stand die gesamte Branche massiv unter Kostendruck. Ob Hersteller oder Zulieferbetrieb, flächendeckend wurden Sparpotenziale analysiert, wo möglich wurde der Rotstift angesetzt. Auch die Firma, für die Martina K. arbeitete, bekam den Druck zu spüren. Ganze Abteilungen wurden daraufhin ins Ausland verlagert. Mitarbeiter aus den unterschiedlichsten Bereichen mussten das Unternehmen verlassen.*

**Was ist bei dir und mit dir passiert, nachdem klar war, dass sich im Unternehmen etwas ändern würde?**

Einige Monate vor der Umstrukturierung kamen von der Personalabteilung erste Hinweise, dass Aufgaben ins Ausland verlagert werden sollten und ein Personalabbau ansteht. Ich spekulierte darauf, dass mich das nicht betreffen würde, da ich ja Kinder habe. Dennoch wollte ich auf alles vorbereitet sein. Ich brachte meine Bewerbungsunterlagen samt Anschreiben, Lebenslauf, Foto und Zeugnisse auf Vordermann und fing an, mich nach einer neuen Stelle umzuschauen – ohne Erfolg. Umso tiefer bin ich dann in ein Loch gefallen, als ich kurz vor Jahresende meine Kündigung erhielt.

**Wie verlief das Trennungsgespräch?**

Im Kündigungsgespräch zeigte sich die HR-Businesspartnerin gelangweilt und ohne Empathie. Sie hatte schon zahlreiche Termine wie den meinen hinter sich. So habe ich das Ganze einfach über mich ergehen lassen. Ich erkundigte mich nur, wie schnell ich gehen könne, sollte ich mit einem Aufhebungsvertrag einverstanden sein. Als ich an dem Tag nach Hause kam, war ich froh, dass wir gerade Besuch hatten. So kam ich auf andere Gedanken und wurde gleich aufgefangen. Mein Mann meinte zu mir: „Ist doch gut, bist du den Mist endlich los. Das hat doch wirklich lange genug gedauert. Ich hoffe, du nimmst jetzt nicht einfach irgendeinen Job an."

**Was war deine stärkste Emotion?**

Trauer!

**Wer in deinem Umfeld war von der Kündigung betroffen? Wie haben die Menschen reagiert?**

Meine Familie, meine Schwiegereltern, meine liebsten Freunde waren mit mir „verzweifelt". Gleichzeitig festigten sich diese Beziehungen während der Zeit.

**Wie hast du die Führungskultur im Betrieb empfunden? Wie würdest du sie beschreiben?**

Ich unterstand verschiedenen Vorgesetzten, es gab eine sehr ausgeprägte hierarchische Struktur von oben nach unten. Meine Teamleiter waren für mich gute Kollegen, einige von ihnen zählen noch heute zu meinen engsten Freunden. Ganz anders wurde es, als 2017 eine neue Chefin ihre Stelle antrat. Ich kam mit ihrem Führungsstil nicht klar. Weder waren Diskussionen erlaubt, noch Verbesserungsvorschläge von Kollegen erwünscht.

**Wer wendete sich ab, wer verhielt sich loyal dir gegenüber? Wer profitierte von deinem Ausscheiden?**

Abgewendet hat sich damals niemand. Ganz im Gegenteil, die Loyalität mir gegenüber wuchs noch. Meine externen Geschäftspartner schätzten die Zusammenarbeit mit mir sehr und brachten das auch immer wieder zum Ausdruck. Intern kamen Kollegen auf mich zu und sagten klar, dass sie weiter mit mir arbeiten wollten. Von meinem Weggang profitierte lediglich die Firma, sie sparte Kosten ein, weil mein Arbeitsplatz wegfiel.

**Wer oder was hat dir in der Situation geholfen?**

Telefonate und Gespräche mit anderen Betroffenen.

**Hast du einen Aufhebungsvertrag unterzeichnet?**

Ja, ich sendete ihn meiner besten Freundin, die Anwältin ist. Sie prüfte den Inhalt und schlug Verbesserungen vor, die ich auch durchsetzen konnte. Dann unterschrieb ich, gab das Dokument kommentarlos ab und versuchte, keine Gefühle zu zeigen. Hätte ich abgelehnt, wäre ich betriebsbedingt gekündigt worden. In dem Fall wäre mein letzter Arbeitstag bereits drei Monate früher gewesen.

**Wolltest du eine Kündigungsschutzklage einreichen?**

Nein, ich entschied mich gegen eine Klage, denn die erschien laut meiner Anwältin wenig aussichtsreich. Ihre Meinung war: „Unterschreib und nimm die Abfindung. Gib keine weitere Energie in die Sache, die brauchst du für deine Bewerbungen. Das hältst du nicht aus, ich kenne dich." Dem stimmte ich voll zu.

**Hattest du eine Rechtsschutzversicherung?**

Nein, hatte ich nicht. Für mich ist meine befreundete Anwältin sozusagen mein Rechtsschutz.

**Wie ist es Dir nach Unterzeichnung des Aufhebungsvertrags ergangen?**

Es gab gute und schlechte Zeiten in dieser Phase. Ich machte meine Arbeit und konzentrierte mich parallel auf meine Bewerbungen. Nach dem Ausspruch der Kündigung bekam ich immer weniger Aufgaben. Meine Motivation zu arbeiten war noch da, aber ich stand nicht mehr so unter Druck. Meine Aufgaben erledigte ich zu Hause aus dem Homeoffice. Ich nahm meinen Resturlaub und kümmerte mich um die Kinder. Ich fuhr viel Fahrrad, putzte die Wohnung und machte Sachen, die mir Zufriedenheit gaben. Zwischendurch konnte ich auch ganz gut abschalten.

**Wie hast du die Jobsuche erlebt?**

Insgesamt schrieb ich 32 Bewerbungen und war bei fünf Vorstellungsgesprächen. Irgendwann bewarb ich mich dann, nur um mich beworben zu haben. Das würde ich aus heutiger Sicht nicht mehr tun. Das brachte mir aber auch Routine, gleichzeitig ein Gefühl von Sicherheit. Ich tat alles, was ich konnte, und musste mir nicht vorwerfen lassen, auf der faulen Haut zu liegen.

**Du hast einen Job angenommen, obwohl du im ersten Gespräch kein gutes Gefühl hattest. Warum hast du den Arbeitsvertrag unterzeichnet?**

Ja, stimmt, mein erster Eindruck war nicht gut. Der Arbeitsmarkt in meiner Branche war angespannt. Das kann sicher als ein Grund gelten, warum ich die Sache dennoch weiterverfolgte. Im Zweitgespräch am

Telefon spürte ich deutlich, dass Interesse an mir bestand. Es ging schon herzlicher, kollegialer zu. Innerhalb von fünf Stunden wurde mir mitgeteilt, dass das Unternehmen einen Vertrag mit mir schließen wollte. Mein neuer Arbeitgeber hat sich bislang an alle Abmachungen gehalten, ist zuverlässig. Das gefällt mir sehr und gibt mir ein gutes Gefühl. Mein neues Arbeitsverhältnis startete direkt im Anschluss an das alte.

**Konntest du für den neuen Job dieselben Konditionen wie zuvor aushandeln?**

Nein, ganz und gar nicht. An der alten Arbeitsstelle habe ich überdurchschnittlich verdient. Beim neuen Arbeitgeber muss ich dafür nur 36 Stunden arbeiten und habe einen Tag mehr Urlaub.

**Wie war dein Stresslevel in den letzten Monaten?**

Ich stand in dieser Zeit teilweise unter Dauerstrom. Mit anderen Worten: Mein Stresslevel war sehr, sehr hoch. Das machte sich auch körperlich bemerkbar. Ich hatte schon immer den Hang zu Depressionen und diese Tendenz verstärkte sich in dieser Phase: Generell gab es bei mir immer mal wieder eher schwache Tage, in letzter Zeit leider mehr davon.

**Wie sah dein Tagesablauf während der Zeit im Homeoffice aus?**

Ich liebe Strukturen und Regeln und bemühe mich, meinen Kindern das auch so vorzuleben. Im Homeoffice war der Ablauf natürlich anders als gewohnt. Da mein Mann auch berufstätig ist, kümmerte ich mich meistens in der Früh um die Kinder, den Haushalt und das Essen. Nachmittags arbeitete ich dann. Das war gut für mich und so blieb ich motiviert und interessiert.

**Wie war dein letzter Arbeitstag?**

Nach mehreren Monaten Homeoffice fuhr ich zum Abschluss in die Firma. Es tat gut, noch einmal an meinem Schreibtisch zu sitzen und vor allem einen großen Monitor benutzen zu können. An meinem letzten Arbeitstag konnte ich mich offiziell von den wichtigsten Kollegen und Geschäftspartnern verabschieden. Zum Schluss lud ich noch wichtige Dokumente in die Cloud und gab Rechner, Mobiltelefon, Ausweis und Austrittsdokumente ab. Das war's dann. Meine privaten Sachen hatte ich schon einige Tage vorher abgeholt. Und dann traf ich meine Familie und lud alle zum Essen ein. Ich war nicht traurig. Das lag wahrscheinlich daran, dass ich schon so gut aufgestellt war und einen neuen Job in der Tasche hatte.

**Was würdest du anderen raten, die in eine solche Situation – Jobverlust und Neuanfang – kommen?**

Als Erstes: reden, reden, reden! Und durchaus die eigenen Gefühle zeigen. Das finde ich wichtig. Es hilft zum Beispiel auch, Menschen des Vertrauens um Rat und Unterstützung zu fragen, zu netzwerken und Freunde in Führungspositionen um Hilfe beim Anfertigen der Bewerbungsunterlagen zu bitten.

**Hast du dich persönlich durch diese Erfahrungen verändert? Wenn ja, wie?**

Ich habe mich in Psychotherapie begeben. Nicht nur wegen der Kündigung, sondern weil ich zu viele Themen mit mir herumtrage, die ich bearbeiten möchte. Das Tief habe ich genutzt, um dies in Angriff zu nehmen.

**Bist du jemand, der die Dinge eher mit sich selbst ausmacht?**

Ja, zu 100 Prozent. Daher machte ich den Schritt und suchte mir einen Psychologen.

**Mein Slogan lautet: „Ich wurde gefeuert – zum Glück." Was ist dein Glück?**

Für mich war es gut zu erkennen, dass es weitergeht oder weitergehen wird, und zu bemerken, dass ich gar nicht zu 100 Prozent von der Firma abhängig bin.

# Michaela S.: Drastischer Umbau in der IT-Branche

Geburtsjahr: 1976
Jahr der Kündigung: 2018
Dauer der Betriebszugehörigkeit: 15 Jahre
Kündigungsgrund: Lust auf etwas Neues und attraktives Abfindungsprogramm
Erster Gesprächstermin: August 2018
Letzter Gesprächstermin: August 2020

*Scheiden tut weh – auch wenn dem die eigene Entscheidung vorausgeht. Das erlebte Michaela S., die im gehobenen Management tätig war. Ihr Arbeitgeber sah sich, wie so viele andere Unternehmen auch, im Kampf um Profit und Existenzsicherung dazu gezwungen, sich an ständig ändernde Wettbewerbs- und Rahmenbedingungen anzupassen. Denn wer den Anschluss verpasst, läuft Gefahr, unter Kosten- und Anpassungsdruck zu geraten. Die Folge sind meist Restrukturierungen, das erlebte auch Michaela S.*

**Wo standest du beruflich vor 24 Monaten?**

Mittendrin und gleichzeitig an einer Weggabelung. Ich hatte 15 Jahre in einem großen Konzern gearbeitet und dort in verschiedenen Abteilungen und Funktionen vielfältige Erfahrungen gesammelt. Dann kam für mich der Zeitpunkt, den Sprung hinaus zu wagen.

**Der Konzern hatte zuvor ein umfangreiches Abfindungsprogramm angekündigt. Wie war deine Reaktion, als du davon erfuhrst?**

Überrascht war ich nicht. Es hatte sich schon längst abgezeichnet, dass die nächste große Transformation anstand. Über Monate hinweg war bereits viel an die Mitarbeiter kommuniziert worden, warum dieser große strategische Wandel und der damit einhergehende Personalumbau notwendig sei. Für mich war das „Warum" absolut nachvollziehbar. Mit der fortschreitenden Digitalisierung verändert sich der

Markt und wir hatten im Vergleich zum Umsatz überproportional hohe Gemeinkosten. Was dieses Mal jedoch ungewöhnlich nebulös blieb, war das „Wie". Und damit die Fragen „Wie viele?", „Wer?" und „Wann?". Würden die bewährten Instrumente wie Abfindungen, Umqualifizierung, interne Vermittlung in andere Konzerneinheiten, Outplacement oder Auffanggesellschaft eingesetzt? Oder würde es auf betriebsbedingte Kündigungen hinauslaufen?

Die Lage war ernst, das sah jeder ein. Endlich kamen dann die offiziellen Zahlen und Zielstrukturen heraus, kurz darauf folgten die ersten greifbaren Details, unter anderem zum Abfindungsprogramm. Da ich mich vorher schon intensiv mit den verschiedenen Möglichkeiten für mich auseinandergesetzt und die Segel Richtung Ausstieg, am besten mit Abfindung, gesetzt hatte, fühlte ich mich fast erleichtert, als der offizielle Startschuss fiel. Es war ein gutes Gefühl, ins Tun zu kommen.

**Betraf dich das Abfindungsprogramm? Wie ging es dir damit?**

Rein formal war ich ganz offiziell betroffen, denn mein kompletter Bereich ging durch ein sogenanntes Anbietungsverfahren, das heißt, alle Mitarbeiter mussten sich neu auf eine Stelle in einem insgesamt stark verkleinerten Pool in der Zielorganisation bewerben. Das ist wie bei der „Reise nach Jerusalem", bei der jeder dritte Stuhl weggestellt wird, bis die Musik stoppt. Insgesamt mussten tausende Mitarbeiter gehen. Meiner Meinung nach wirkt sich ein derart drastischer Personalumbau grundsätzlich auf alle Menschen im Unternehmen aus. Denn die strukturellen Rahmenbedingungen änderten sich komplett. Chaos und Lähmung machten sich breit, hinzu kamen Unsicherheit, Angst, schwere Entscheidungen für Mitarbeiter und Führungskräfte – es war eine harte Zeit für alle. Auch das Privatleben war betroffen: Partner, Familie, Freunde und alle Lebensbereiche bis hin zur Gesundheit.

Wie es mir damit ging? Uff, es war ein monatelanger innerer Kampf mit ständigem Auf und Ab der Gefühle und vielen Zweifeln. Die Entscheidung zu gehen ist mir damals nicht leicht gefallen. Aber nachdem ich mich entschieden hatte, ging es mir besser. In gewisser Weise war es ja sogar ein Luxusproblem, da ich selbst entscheiden konnte.

**Wann hast du beschlossen, das Unternehmen zu verlassen? Wie kam es dazu?**

Das war ein längerer Prozess, schließlich hatte ich bis dato fast mein gesamtes Arbeitsleben in dieser Firma verbracht. Doch irgendwann fing ich vermehrt an, mir die Sinnfrage zu stellen, es hatte sich einiges verändert. Zähe Prozesse und Entscheidungsstrukturen, immer weiter ausufernder Reporting-Wahnsinn, immer mehr Druck und Hektik bei gleichzeitig permanent schrumpfenden Budgets und mit immer weniger Leuten.

Was mir zuletzt am meisten fehlte, war Wahrhaftigkeit, echt und authentisch sein zu können. Stattdessen gab es politische Spielchen, Silo-Bildung und Machtkämpfe, hinter denen das Interesse an der Sache und der Wille, gemeinsam erfolgreich zu sein, für meinen Geschmack häufig zu stark in den Hintergrund traten. Vielleicht wurde ich mit fortschreitendem Alter in dieser Hinsicht auch einfach anspruchsvoller und kritischer.

**Wie war es, als du dann den Aufhebungsvertrag unterzeichnet hast?**

Emotional hatte ich gerade den Hebel im Kopf umgelegt – nach einem langen Wechselbad der Gefühle zwischen Trauer über den Abschied, Wut, Ärger, Enttäuschung, aber auch immer wieder Hoffnung, Aufbruchstimmung und Neugier auf das, was kommt. Seit die Entscheidung getroffen und durch den Aufhebungsvertrag besiegelt war, wurde ich wieder gelassener. Um diesen Moment entsprechend zu würdigen, hatte ich ein kleines Ritual daraus gemacht und mit einem Kollegen, der ebenfalls den Ausstieg wagte, die Papiere gemeinsam unterschrieben und danach das Ganze mit einem leckeren Essen und einem Glas Sekt besiegelt.

**Wer oder was unterstützte dich in dieser Zeit der Aufs und Abs?**

Der Kollege aus meinem Team, der den gleichen Weg eingeschlagen hatte, war eine große Hilfe. Auch mein Netzwerk aus Freunden und Bekannten, die einen ähnlichen Schritt gewagt hatten, ermutigten mich sehr. Besonderes Glück für mich war, dass sich darunter ein professioneller Coach befindet. Beruhigend zu wissen war einfach, dass all die Zweifel und die schwankenden Gefühle zu dieser Situation dazugehören und normal sind. Meine Familie hat mir ebenfalls viel Halt gegeben und stand voll hinter mir.

**Wie gingen die Menschen in deiner Nähe damit um, dass du deinen Job scheinbar einfach so aufgeben wolltest?**

Anfangs waren die meisten geschockt, als ich mit dem Plan herausrückte, meinen sicheren Arbeitsplatz aufzugeben. Sie sprachen genau die Zweifel aus, die ich selbst hatte: „Wovon willst du denn leben?", „Dann müssen wir jetzt wohl kleinere Brötchen backen, große Urlaube sind dann nicht mehr drin" oder „Wenn du keinen konkreten Plan B inklusive Businessplan hast, ist das aber sehr gewagt". So wurde ich auch immer wieder mit meinen Zweifeln konfrontiert und konnte sie entkräften. Und als ich mir sicher war, wurde auch meinem Umfeld klar: „Was du wahrscheinlich später bereuen würdest, wäre nicht, dass du diesen vermeintlich sicheren Job aufgegeben hast, sondern dass du nicht versucht hast, deinem Leben eine andere Richtung zu geben. Wir stehen hinter dir."

**Wie lange hast du danach noch in der „alten" Firma gearbeitet?**

Nach der Unterzeichnung des Aufhebungsvertrags blieb ich noch zwei Monate dort. Die Zeit brauchte ich, um meine aktuellen Projekte sauber zu beenden bzw. zu übergeben sowie parallel alles administrativ für den Ausstieg anzustoßen – inklusive aller Prozesse mit Arbeitsamt, Krankenversicherung, Rentenversicherung usw. Außerdem wollte ich mich gebührend von den Kollegen verabschieden, mit denen ich einen langen gemeinsamen Weg gegangen war.

**Wie war dein letzter Arbeitstag? Was ging dir durch den Kopf?**

Recht unspektakulär – wenn auch der Moment, als ich meine Arbeitsmittel und alle Zugangsberechtigungen zurückgab, sich ein bisschen anfühlte wie das Kappen der Nabelschnur. Irgendwie kam mir alles recht unwirklich vor. Ich hatte quasi bis zum letzten Moment noch gearbeitet und dann ging alles ganz schnell. Mit dem Loslassen anfangen konnte ich tatsächlich erst, als ich endgültig keinen Zugriff mehr auf die Infrastruktur hatte.

**Wie ging es dir am Abend und an den Folgetagen?**

Sehr gegensätzliche Gefühle kamen hoch: Auf der einen Seite war ich sehr müde und erschöpft, als die Anspannung der letzten Monate von mir abfiel. Auf der anderen Seite fühlte ich mich frei und tatendurstig. Das nutzte ich prompt und traf mich mal wieder mit alten Studienfreunden. In den folgenden Tagen beschäftigte ich mich mit neuen Themen, las endlich wieder entspannt ein paar Bücher. Last but not least gönnte ich mir mal wieder etwas: unter anderem eine herrliche Massage!

**Wie hast du es vermieden, gleich wieder in Aktionismus zu verfallen?**

Das war in der Tat gar nicht so einfach. Denn ohne dass ich diesbezüglich etwas unternommen hätte, kamen von selbst erste Jobangebote rein. Da musste ich mir auf die Finger klopfen, um nicht aus der Sehnsucht nach Sicherheit gleich einfach zuzugreifen. Ich wollte ja diese einmalige Chance nutzen, um endlich mal den Kopf frei zu kriegen und auf ganz neue Gedanken zu kommen. Ich war sehr gespannt, welche Perspektiven sich dabei entwickeln würden. Aber: Ich musste das auch zulassen können, viel Geduld mit mir haben und großes Vertrauen in die Zukunft.

**Wie oft dachtest du an die alte Zeit zurück? Und wie lange hast du gebraucht, um wirklich loszulassen?**

Mit mehr zeitlichem und räumlichem Abstand wurden die Gedanken immer weniger. Aber ich war noch voll im Veränderungsprozess. Es dauerte eine ganze Weile, bis ich wirklich zur Ruhe kam, Altes loslassen und den Blick ausschließlich nach vorne richten konnte. Und teilweise bin ich immer noch dabei loszulassen. Das Hamsterradgefühl hinsichtlich des Jobs verging nach ein paar Monaten. Doch wenn ich eins gelernt habe aus der letzten Zeit: Alles ist permanent im Fluss – es tauchen immer wieder Themen auf, die losgelassen werden wollen.

Insgesamt bin ich gerade an einem Punkt, an dem ich mich zumindest von der Vorstellung gelöst habe, dass der Beruf das einzig Bestimmende im Leben ist. Ich möchte jetzt lieber schauen, wie er sich ins Ganze integriert und eine passende Rolle darin einnimmt.

**Wie sah deine Auszeit aus? Du hast dir ja ein Jahr Zeit gegeben ...**

Die Zeit nach meinem Jobausstieg lässt sich in der Retrospektive in zwei Phasen einteilen. In der ersten ging es darum, den Kopf frei zu kriegen und Kraft zu sammeln, in der zweiten, die etwa vor einem halben Jahr angefangen hat, um die konkrete Jobsuche. Bei der Agentur für Arbeit hatte ich zunächst ein Dispositionsjahr beantragt, um wegen der Arbeitssuche nicht direkt unter Druck gesetzt zu werden. Die Inanspruchnahme der Leistungen von der Arbeitsagentur wurde somit um ein Jahr nach hinten verschoben. Als dieser Zeitraum auslief, meldete ich mich arbeitslos – mit allen Rechten und Pflichten. Auch dadurch richtete sich der Fokus wieder darauf, was ich in Bezug auf das Business wirklich tun wollte und konnte.

**Womit warst du in dieser Zeit sonst noch beschäftigt?**

Besonders stolz bin ich darauf, dass ich endlich mit einigen Themen aufgeräumt habe, an die ich mich bisher nie herangewagt hatte: Altersvorsorge, Hilfestellung für und Abschiednehmen von den alternden Eltern, Generalvollmacht, Patientenverfügung bis hin zum Erbrecht und Testament. All das hatte ich immer als Bugwelle vor mir hergeschoben und gehofft, mich nie damit auseinandersetzen zu müssen. Es ist ein super Gefühl, diese mir sehr unangenehmen Themen endlich mal weitestgehend im Griff zu haben. Denn das macht den Kopf frei für Neues.

**Hast du deinen Ausstieg bereut?**

Klares Nein, ich habe diesen Schritt nicht bereut! Wow, das ist fast eineinhalb Jahre her. Ich habe eine spannende, aufregende Zeit mit Höhen und Tiefen, vielen emotionalen Wendungen und unvorhergesehenen Ereignissen im Außen erlebt. Auch meine eigene Zielsetzung hat sich im Lauf dieser Zeit immer wieder verändert, weil ich viele Dinge einfach ausprobieren musste, um zu sehen, wie sich das dann anfühlte. Auf dieser Basis konnte ich meine Ziele neu justieren. Der Ausstieg war eine tolle Chance zum Innehalten, zur Neuorientierung und zum Neusortieren aller wichtigen Lebensbereiche in der Lebensmitte. Wenn man nichts ändert, ändert sich auch nichts. Ich denke, ich wäre sonst einfach immer noch unzufrieden und unglücklich.

**Wann steigst du wieder ins Arbeitsleben ein?**

Nächsten Monat starte ich wieder durch. Das ging am Ende doch sehr schnell, da ich kurzfristig zur Verfügung stehe und die Personalprozesse meines künftigen Arbeitgebers es offensichtlich auch hergeben. Was ich wollte, schwankte in den letzten Monaten sehr, es hatten sich viele verschiedene Optionen aufgetan. Auch die Corona-Krise veränderte einiges, zum Beispiel gab es insgesamt weniger Stellen und diese in anderen Branchen. Auch meine private Situation – mit einem schulpflichtigen Kind und pflegebedürftigen Eltern – wollte entsprechend umgestaltet werden. Ich habe mich dazu entschieden, wieder in ein Angestelltenverhältnis zu gehen, und zwar in einer recht großen Institution. Marketing, Kommunikation und Projektmanagement werden dabei auch wieder einen wichtigen Teil meines Jobs ausmachen.

**Wie viele Bewerbungen hast du geschrieben?**

Ich recherchierte unglaublich viel. Dabei fand ich einige Stellen, die mich teilweise ansprachen, aber zu denen mein Profil nicht ausreichend zu passen schien oder die ich aus anderen Gründen ausschloss. Letztendlich habe ich acht Bewerbungen wirklich losgetreten, bin bei zwei potenziellen Arbeitgebern in die engere Auswahl gekommen. Nach meinem bisher einzigen Vorstellungsgespräch erhielt ich direkt den Zuschlag. Da war, denke ich, unglaubliches Glück im Spiel in Zeiten von Corona! Hinzu kam, dass mein neuer Job methodisch daran anknüpft, was ich mir bisher in meinem Berufsleben aufgebaut habe, sodass ich fachlich überzeugen konnte – obwohl ich in eine andere Branche wechsle.

**Mein Slogan lautet: „Ich wurde gefeuert – zum Glück." Was ist dein Glück?**

Neben einer Portion Respekt vor dem, was jetzt kommt, empfinde ich Dankbarkeit, Abenteuerlust und ein Gefühl von Freiheit, meinen Weg zu gehen und immer wieder neu zu definieren. Ich habe gelernt, dass es immer irgendwie weitergeht, und dass es hilft, regelmäßig in sich hineinzuhören und den aktuellen Standort neu zu bestimmen, um im Gesamtkontext „Leben" den richtigen Mix für sich zu finden. Meine Empfehlung: Macht euch auf ins Abenteuer!

## Michael W.: Arbeitslos nach Werksschließung

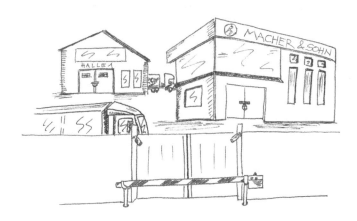

Geburtsjahr: 1967
Jahr der Kündigung: 2017
Dauer der Betriebszugehörigkeit: 22 Jahre
Kündigungsgrund: Werkschließung
Erster Gesprächstermin: Februar 2019
Letzter Gesprächstermin: Juli 2019

*Michael W. war für ein Unternehmen, in dem alte Dieselmotoren und Motorenkomponenten professionell wiederaufbereitet wurden, im Einkauf tätig. 2017 schloss das Werk, in dem er arbeitete, seine Tore. Nach fast 22 Jahren Betriebszugehörigkeit gelang es ihm, sich erfolgreich beruflich neu zu orientieren.*

**Was geschah, nachdem klar war, dass das Werk schließen würde?**

Der gesamten 170-köpfigen Belegschaft wurde angeboten, an einen anderen Standort zu wechseln. Nur etwa zehn Prozent sind darauf eingegangen. Die Trennung verlief alles in allem strukturiert. Ein Sozialplan wurde mit dem Betriebsrat verhandelt. Die Betroffenen unterschrieben einen Aufhebungsvertrag, erhielten eine Abfindung und kamen in eine Transfergesellschaft.

**Das Unternehmen zog um und du bist geblieben. Warum hast du diese Entscheidung für dich getroffen?**

Der Job, den ich in der anderen Niederlassung übernehmen sollte, sagte mir nicht zu. Ich hätte dort andere Aufgaben gehabt. Außerdem erschien mir wöchentliches Pendeln nicht erstrebenswert. Für mich ist Work-Life-Balance wichtiger als ein guter Verdienst. Ich habe den Jobwegfall als Chance begriffen, mich beruflich neu zu orientieren.

**Wie hat das Umfeld auf deinen Entschluss, nicht mitzuziehen, reagiert?**

Manche haben das gar nicht verstanden. Sie meinten, als Single hätte ich ja locker pendeln können und der Job wäre das wert gewesen. Andere zeigten mehr Mitgefühl für meine Situation.

**Hast du deinen Entschluss zwischendurch infrage gestellt?**

Ja, manchmal habe ich daran gezweifelt, manchmal bereut, was ich getan hatte. Dann wog ich immer wieder Punkt für Punkt die Vor- und Nachteile ab und überzeugte mich damit, richtig entschieden zu haben. Außerdem wohne ich in einem Urlaubsgebiet. Wer will da schon freiwillig weggehen?

**Wie hast du dich gefühlt, als der Standort tatsächlich geschlossen wurde?**

Meine Stimmung war gedrückt. Am Anfang hatte ich Zukunftsängste und Schlafstörungen. Ich frage mich, wie es wohl weitergehen würde. Dazu kamen viele kleinere Dinge, die sich letztendlich aufstauten und sogar Wut auslösten. Ich war aus verschiedenen Gründen enttäuscht, zum Beispiel weil der profitable Standort, der größte Arbeitgeber im Dorf, einfach geschlossen und der gewinnbringende Geschäftsbereich verlagert wurde. Außerdem war eigentlich im Nachbarort ein Neubau geplant, bis doch die Entscheidung für die Standortschließung fiel. Mich ärgerte geradezu, dass ein Werk mit 70-jähriger Tradition geschlossen wurde, das früher fast das ganze Dorf ernährt hatte.

Hinzu kam das Gefühl, dass die Mitarbeiter nur als Zahlen gesehen wurden und deren Know-how einfach auf andere übertragen werden sollte. Die Wut konnte ich zum Glück schnell loslassen, da ich die Entscheidung des Arbeitgebers, den Standort aufzugeben, aus unternehmerischer Sicht am Ende doch nachvollziehen konnte. Was mir auch sauer aufstieß: Die Mitarbeiter sollten sich mit einer Miniabfindung zufrieden geben. Erst Betriebsratsverhandlungen führten dazu, dass eine Transfergesellschaft entstand und akzeptable Abfindungen gezahlt wurden.

**Wie ging es bei dir weiter?**

Mit zeitlichem Abstand konnte ich das Ganze positiver sehen. In mir kam eine Aufbruchstimmung auf, als ich begann, das Jobende als Chance zu begreifen. Selbsterkenntnis ist hier das Zauberwort. Hört sich banal an, aber ich musste mir erst mal klar werden, was die berufliche Veränderung überhaupt für mich bedeutete, wie ich sie gewichten und damit umgehen sollte.

In dieser Zeit habe ich mich für den schwierigeren Weg entschieden. Ich wollte nicht einfach nur einen neuen Job finden, sondern einen, der mir wichtig ist, mit dem ich nicht nur leben kann, sondern der zu meinem Leben gehört. Ich überlegte, wie ich das schaffen könnte und was ich dafür brauchte. Dabei fiel mir sehr schnell das Schlagwort Bildung ein. Ich meine damit nicht nur Weiterbildung im beruflichen Sinne, sondern auch die Entwicklung der eigenen Persönlichkeit. Es ging mir darum, mein Selbstbewusstsein zu stärken und mich aus meiner Opferhaltung zu befreien.

**Was meinst du mit Opferhaltung?**

Ich sah mich zunächst als Opfer, weil ich ja gefühlt zu einer Entscheidung gezwungen worden war. Der Entschluss war nicht aus meiner eigenen Intention hervorgegangen, sondern ich wurde vor die Wahl gestellt: entweder Pendeln und Umzug oder Kündigung.

**Ihr seid in eine Transfergesellschaft gekommen. Wie waren die Konditionen?**

Wegen meines Alters von 50 Jahren und der langen Betriebszugehörigkeit erhielt ich 80 Prozent des vorherigen Nettolohnes für zwölf Monate. Für Jüngere und Ältere erwiesen sich die Konditionen als schlechter, da sie entweder nicht so lange im Betrieb tätig gewesen waren oder kurz vor der Verrentung standen. Für die Älteren war auch Altersteilzeit möglich. Diejenigen, die nach den zwölf Monaten noch ohne neuen Job dastanden, hatten im Anschluss Anspruch auf Arbeitslosengeld, das heißt auf 60 bzw. 67 Prozent des Nettolohns.

**Du hattest also praktisch ein Jahr Zeit, um dich beruflich neu zu orientieren. Wie war das?**

Für mich fühlte es sich fast so an, als hätte ich ein bedingungsloses Grundeinkommen. Alle vier Wochen fand ein Beratungsgespräch in der Transfergesellschaft statt, bei dem aktuelle Aktivitäten besprochen wurden. Das waren Pflichttermine, jedoch herrschte kein totaler Zwang.

Als ich mich auf die neue Situation etwas eingestellt hatte, verspürte ich ein Gefühl von persönlicher Entscheidungsfreiheit nach dem Motto: „Hey, ich kann ja mit meinem Leben anfangen, was ich will, und muss nicht tun, was andere (die Gesellschaft) von mir verlangen. Ich kann meinen beruflichen Weg ohne großes finanzielles Risiko selbst gestalten. Ich brauche nicht den erstbesten Job anzunehmen." Für mich fühlte es sich so an, dass die wichtigsten Grundbedürfnisse abgesichert waren. Das brachte mich dazu, mich mehr auf meine Selbstverwirklichung zu konzentrieren und zwangloser zu handeln. Ich kam sehr schnell auf den Gedanken, ein Vollzeit-Seminar zu belegen. Mein Plan, mich zum Industriefachwirt weiterzubilden, wurde voll unterstützt.

Während der Zeit in der Transfergesellschaft war ich zudem arbeitssuchend gemeldet und bekam Stellenvorschläge, unter anderem von der Agentur für Arbeit. Auf Stellenvorschläge für Leiharbeitsfirmen reagierte ich gar nicht oder ich lehnte sie mit Hinweis auf das Verdienstniveau ab.

**Wie hast du die Zeit zwischen altem und neuem Job genutzt?**

Tatsächlich konnte ich die Weiterbildung zum Industriefachwirt (IHK) abschließen. Parallel dazu arbeitete ich diverse E-Learning-Angebote der Transfergesellschaft durch und belegte ein Online-Seminar zum Thema „Grundlagen digitales Marketing" von Google. Zwischenzeitlich dachte ich darüber nach, mich mit einem Online-Shop selbstständig zu machen. Parallel betrieb ich Networking im Bekanntenkreis; dabei versuchte ich auf für mich passende Ideen zu kommen. Und ich beschäftigte mich mit Motivationsthemen und Selbsthilfe mithilfe von Online-Videos, Bücher und anderen Medien. Nicht zuletzt genoss ich während der freien Zeit die schönen Dinge – auf dem Fahrrad, im Ruderboot, die Natur, am Häuschen werkeln!

**Wer hat dir bei diesem beruflichen Umbruch geholfen?**

Mein Bekanntenkreis, darunter ein Ex-Kollege, der mittlerweile zum Freund geworden ist und mich einnordet, wenn ich mal schiefliege. Zudem mein Wille, das Beste aus der Situation zu machen, Selbsthilfebücher und Videos.

**In dem Monat, als du deinen letzten Arbeitstag hattest, wurdest du 50 Jahre. Wie war das?**

Mit dem Austritt aus der Firma, der fast an meinem 50. Geburtstag stattfand, begann für mich gefühlt die zweite Lebenshälfte. Was passierte, kam einem kompletten Neuanfang gleich. Die Weiterbildung gab mir das Gefühl, erneut eine „Lehre" zu absolvieren und damit noch mal neu durchzustarten.

**Macht es einen Unterschied, ob man mit 25 oder 50 den Job verliert?**

Mit 25 durchlebte ich meinen ersten Jobwechsel. Ich kündigte damals, ohne mir groß Gedanken über die finanziellen und sonstigen Folgen zu machen. Ich hielt es einfach nicht mehr im alten Job aus und war damals viel schmerzfreier, was Zukunftsängste anging. Ich hatte ja mein Leben noch vor mir – der jugendliche Leichtsinn half mir, unbewusst die richtige Entscheidung zu treffen! Nach vier Wochen hatte ich schon wieder einen sehr schönen Job. Mit 50 überlegte ich schon länger, wie der nächste richtige Schritt aussieht!

**Wie erging es dir auf der Suche nach dem neuen Job?**

Insgesamt habe ich circa 50 Bewerbungen verschickt, alle auf Stellenanzeigen hin, die ich mir selbst im Internet gesucht hatte. Ich bewarb mich nur auf Jobs, die ich wirklich als interessant und zukunftsträchtig ansah. Ich wurde zu fünf Vorstellungsgesprächen eingeladen, zwei davon verliefen sehr enttäuschend. Meine Gegenüber folgten eher dem Gedanken „Du suchst Arbeit", nicht „Wir suchen dich". Außerdem waren sie schlecht auf den Termin vorbereitet. Sie hatten die Bewerbung eines anderen Kandidaten vorliegen, sprachen mich mit dem falschen Namen an und hatten meinen Lebenslauf nicht richtig gelesen. Diese Negativbeispiele waren wertvolle Erfahrungen für mich. Ich erkannte, dass ich mir mehr wert war, und fühlte, dass die richtige Anstellung noch kommen würde.

**Was rätst du anderen Menschen, die ihren Job verlieren?**

Ich glaube, es ist hilfreich, zuerst am eigenen Mindset zu arbeiten und sich der eigenen Persönlichkeit bewusst zu werden. Im nächsten Schritt geht es darum, die eigenen Wünsche und Bedürfnisse auszuarbeiten. Was ist dir wichtig? Wer erkannt hat, was er will und was nicht, kann die richtigen Schritte gehen. Genauso wichtig finde ich, nichts von vornherein für unmöglich zu halten. Auch Traumjobs können sich auftun, wo man sie gar nicht vermutet. Und: Nimm Hilfe von der Arbeitsagentur an, tritt dabei als Kunde auf und komm aus der Opferhaltung heraus! Sag klar, was du willst, zum Beispiel eine Weiterbildung, und bereite dich immer gut auf die Termine vor. Ganz grundlegend würde ich empfehlen: lernen, lernen, lernen mit Online-Videos, Bücher und anderen Angeboten. Bildung ist die beste Investition!

**Was hast du aus dem Jobverlust gelernt?**

Dass Beständigkeit allein keine Sicherheit bietet. Man fühlt sich vielleicht sicherer, aber nur wer mit dem ständigen Wandel mitgeht, kann bei sich bleiben und bestehen. Heute bin ich offener für Neues, habe eine positive Grundhaltung zum eigenen Können entwickelt und fühle mich selbstbewusster.

**Was würdest du heute anders machen, wenn du in die gleiche Situation kommen würdest?**

Ich würde von Anfang an die Veränderung annehmen und an der positiven Transformation arbeiten, ohne zu zögern. Ich hatte ja bereits zwei Jahre vorher erfahren, dass der Standort geschlossen werden sollte. Ich hätte von Anfang an mehr für meine Zukunft tun sollen, doch ich ließ das Ganze einfach auf mich zukommen.

**Wie hast du dann die Anstellung im öffentlichen Dienst gefunden?**

Ich sah die Stellenanzeige im Internet, bewarb mich per E-Mail und wurde eingeladen. Mein Gegenüber im Vorstellungsgespräch war freundlich, gegenseitige Sympathie stellte sich sofort ein. Ich hatte das Gefühl von Wertschätzung, also nicht als Bittsteller aufzutreten, sondern „gebraucht" zu werden. Nicht ich musste erklären, warum ich der Richtige für den Job wäre, sondern der Arbeitgeber erklärte, dass ich mit meinem Werdegang der Idealbewerber für diese Stelle sei. Der Verdienst entspricht zwar nicht mehr dem, was ich früher hatte, liegt aber über dem Durchschnitt dessen, was ich sonst als normaler Angestellter in meiner Region verdienen würde.

**Du hast gesagt, dieser Job passt mehr zu deiner aktuellen Lebensphase. Erzähl mal.**

Mir kommt die neue Stelle wegen der modernen Arbeitszeitregelung sehr entgegen. Das ist mir wichtiger als der Verdienst, der aber auch völlig okay ist. Da ich bald 52 werde, steht auch die vertragliche Sicherheit ganz oben auf der Prioritätenliste. Ich wollte einen Job mit unbefristeter Festanstellung, weil ich mit jedem Lebensjahr für den Arbeitsmarkt uninteressanter werde. Wenn mir ein Arbeitgeber finanzielle Sicherheit und eine gute Work-Life-Balance bietet, möchte ich diese Anstellung auch langfristig behalten. Gleichzeit werde ich darauf achten, mich auch zukünftig weiterzubilden. Diese neue Stelle bekam ich nur wegen meiner Berufserfahrung und meiner erfolgreich absolvierten Weiterbildung. In jungen Jahren hätte ich als gelernter Kfz-Mechaniker die kaufmännischen Aufgaben nie erfüllen können.

**Mein Slogan lautet: „Ich wurde gefeuert – zum Glück." Was ist dein Glück?**

Ich habe das Gefühl, endlich dort angekommen zu sein, wo ich schon immer hin wollte. Zumindest bin ich auf dem richtigen Weg. Abbiegen werde ich zukünftig immer noch, aber nur aus eigener Entscheidung.

# Markus M.: Neustart nach der Airline-Pleite

Geburtsjahr: 1966
Jahr der Kündigung: 2017
Dauer der Betriebszugehörigkeit: 20 Jahre
Kündigungsgrund: Insolvenz
Erster Gesprächstermin: November 2018
Letzter Gesprächstermin: Februar 2020

*Der Aufgabenbereich von Markus M., ehemals als Assistant-Traffic-Manager tätig, umfasste das Qualitätsmanagement der Bodenabfertigung. In dieser Funktion steuerte er alle Abläufe rund um den Flugver-*

*kehr vom Einchecken bis zum Abheben der Maschine, von der Umsetzung internationaler Gesetze und Vorschriften bis hin zur Kontrolle der Servicequalität. Sein Beispiel zeigt, wie es möglich ist, nach einer turbulenten Bruchlandung wieder gut zu landen. Fluggesellschaft mit Herz wurde die Airline genannt. 2006 ging das Unternehmen an die Börse. Danach ging es eigentlich nur noch in eine Richtung: abwärts. Das Ende ist Geschichte. 2017 meldete das Unternehmen Insolvenz an. Markus M. beschreibt, wie er diese Zeit erlebte.*

**Was passierte damals? Wie war es für dich, als es der Fluggesellschaft immer schlechter ging?**

Sommer 2017: Das Unternehmen ist pleite! Durch eine Eilmeldung bei n-tv erfuhr ich vom Ende meines Arbeitgebers und somit meiner Tätigkeit bei der Fluggesellschaft. Ich hatte dort 1996 angefangen und blieb bis zum Schluss.

Anfang 2001 hatte ich auf der Party eines Kollegen meine jetzige Frau kennengelernt. Sie machte gerade ihre Ausbildung zur Flugbegleiterin, während ich als Manager am Boden tätig war. Seitdem sind wir zusammen. Wir haben inzwischen zwei Kinder, unser Lebensmittelpunkt war Berlin. Meine Frau arbeitete insgesamt 15 Jahre bei der Fluggesellschaft. Bei mir waren es mehr als 20 Jahre. Die Nachricht von der Insolvenz war deshalb für uns eine sehr persönliche Sache.

**Wie war die Unternehmenskultur dort? Wie hast du das Miteinander empfunden?**

Bei uns ging es sehr familiär zu, darauf waren wir stolz. Ich erinnere mich zum Beispiel an eine Weihnachtsfeier, bei der unser Chef zusammen mit ein paar Kollegen zu später Stunde einen Musikauftritt hinlegte. Anschließend sorgte er dafür, dass wir alle heil nach Hause kamen.

Ja, wir hatten wirklich gute Zeiten. Sogar eine eigens komponierte Firmenhymne gab es. Das Unternehmen war für mich und meine Frau mehr als ein Arbeitgeber. Wir identifizierten uns zu 100 Prozent mit der Airline.

**Was geschah dann?**

Die Firma wuchs. So richtig rund ging es für uns Mitarbeiter, als das Unternehmen 2006 an die Börse ging. Zuerst stieg der Kurs. Wir hatten durch den Börsengang viel Geld eingenommen, wollten kräftig expandieren. Rückblickend haben wir uns dabei verhoben. Die Übernahme einer anderen Fluggesellschaft war vielleicht ein Fehler. Damit waren viel zu viele Altlasten, doppelte Strukturen und hohe Gehaltsverpflichtungen verbunden. Seit 2008 machten wir mit einer Ausnahme jedes Jahr Verluste.

2013 fing die Stimmung an zu kippen, als es hieß, das Unternehmen müsste sparen. Da fragte ich mich schon, warum immer häufiger von Produktionseinheiten oder Kostenfaktoren gesprochen wurde. Wir Mitarbeiter waren nur noch Nummern, von Menschen war nicht mehr die Rede. Die Zeit der Fluggesellschaft mit Herz war wohl rum. Ein Sparprogramm jagte das nächste. 2015 fing es dann an mit dem Stellenabbau. Immer mehr Kollegen mussten gehen. Viele verließen das Unternehmen freiwillig und erhielten eine Abfindung.

Der Rest ist Geschichte: Im Sommer 2017 war die Airline pleite. Wie schnell es am Ende ging, überraschte auch uns Mitarbeiter. Ich wurde dann zu Ende März 2018 gekündigt. Viele der zuletzt rund 7.000 Angestellten fühlten sich nach der Insolvenz verschaukelt.

**Gab es eine finanzielle Entschädigung?**

Drei Monate lang bekamen wir vom Arbeitsamt das sogenannte Insolvenzausfallgeld. Dann fingen die Spielchen an. Die Crews wurden freigestellt und es hieß, ab November wäre dann Schluss. Ab dem Monat würden alle freigestellt, alle sollten damit unentgeltlich und unwiderruflich freigestellt sein. Nein, doch nicht: Das Bodenpersonal wurde unwiderruflich freigestellt, die Besatzungen widerruflich. Widerruflich bedeutet: Wir stellen dich frei, bezahlen dich nicht, aber wenn wir dich brauchen, musst du für uns bereitstehen. Du kannst da überhaupt nichts machen, außer selbst zu kündigen. Das haben die Crews natürlich nicht getan.

Für meine Frau bedeutete jeder Tag mit dem Status „widerrufliche Freistellung" keine Einnahmen – kein Lohn, kein Arbeitslosengeld. Es wurden auch keine Sozialversicherungsbeiträge abgeführt. Deshalb meldete sie sich, gezwungenermaßen, schließlich arbeitslos.

**Wie ging es euch emotional in den ersten Monaten nach der Insolvenz?**

In der ersten Zeit waren wir gar nicht mal enttäuscht, sondern wütend. Wir fühlten uns vor den Kopf gestoßen und auch ein bisschen ohnmächtig. Meine Frau hatte mehr mit der Situation zu kämpfen als ich. Sie hatte es genossen, Langstrecke zu fliegen, einfach mal herauszukommen und die freie Zeit für einen Strandspaziergang in Miami zu nutzen oder in Chicago shoppen zu gehen. Das war plötzlich vorbei. Selbst eine Übernachtung in Düsseldorf oder Stuttgart half ihr, den Alltag kurz auszublenden. Sie war fast nur noch unterwegs. Durch die sehr gute Vernetzung in diversen Chatgruppen, ob bei WhatsApp oder in anderen sozialen Netzwerken, kam sie in dieser Zeit nur sehr selten wirklich zur Ruhe. Schlussendlich wirkte sie im Hintergrund sogar bei den Vorbereitungen zur Abschiedsfeier und des letzten Flugs mit. Das alles zerrte natürlich an den Nerven und am Gemüt.

**Wie schnell hat deine Frau wieder einen neuen Job gefunden? Und wie ging es ihr damit?**

Sie hätte schon im Dezember 2017 bei einem neuen Arbeitgeber anfangen können. Aber sie war noch nicht bereit, das Alte war noch zu frisch. Sie wirkte niedergeschlagen, traurig, sagte immer wieder, sie hätte keine Lust auf Weihnachten, auf Friede, Freude, Eierkuchen. Auf einmal ging es relativ fix bei ihr und sie unterschrieb einen Arbeitsvertrag. Doch bei ihrem neuen Arbeitgeber herrschte anfangs ein Riesenchaos. Sie zweifelte, ob sie dort richtig wäre, oder ob sie, wie sie es früher schon mal überlegt hatte, eine komplett neue Ausbildung machen sollte – mit 40+. Zumindest flog sie wieder. Genau das war es, was sie am liebsten machen wollte. Dennoch trieben sie Zukunftsängste um, sie machte sich Sorgen, wie das weitergehen würde und ob sie noch mit 50 fliegen könne. Als dann noch ungewiss wurde, ob Berlin als Dienstort bestehen bleiben würde, kündigte sie schweren Herzens und startete doch die neue Ausbildung.

**Was passierte denn bei dir in dieser Übergangszeit? Wie hast du diese Phase erlebt?**

Ich hatte nicht viel Zeit, mich mit meinen Ohnmachtsgefühlen zu befassen, denn ich war weiterhin beschäftigt. Ich arbeitete bis Jahresende bei der Insolvenz-Hotline als Ansprechpartner für die Betroffenen. Danach war ich dann auch raus. Ich wurde unentgeltlich und unwiderruflich freigestellt. Während sich meine Frau auf ihre neue Aufgabe vorbereitete, war ich meist zu Hause, kümmerte mich um den Haushalt und unsere Kinder. Erst fühlte sich das noch wie Urlaub an, dann wurde es von Tag zu Tag frustrierender. Ich bin eher ein Gemütsmensch. Wenn ich trauerte, dann geschah das in der Stille.

**Wie hast du die freie Zeit für dich genutzt und wie den Jobverlust verarbeitet?**

Ein Teil meiner Bewältigungsstrategie bestand darin, an die Öffentlichkeit zu gehen und über das Erlebte zu sprechen. Ich war erstaunt, auf welche unglaubliche Resonanz ich stieß. Es tat gut, viel Zuspruch von anderen zu bekommen. Ich ließ in dieser Zeit einfach den Kopf nicht hängen, blieb ruhig und ehrlich zu mir selbst. Im Vordergrund stand die Existenzsicherung. Ich bekam Arbeitslosengeld und meine Frau fand schnell wieder einen Job. Diese Umstände gaben mir ein Gefühl von Sicherheit.

Hilfreich für mich war, dass ich mit den Kollegen in Kontakt blieb. Wir trafen uns immer wieder abends. Das Interesse aneinander machte mir Mut und es war schön zu sehen, wie es den anderen ging und was sie machten. Mit einem Kumpel ging ich oft in die Sauna. Alle zwei bis drei Wochen haben meine Frau und ich einen Wellnesstag eingelegt, um die Seele frei zu kriegen. Ich hörte mit dem Rauchen auf und habe mich mit allem Möglichen beschäftigt. Das Wichtigste war, entspannt zu bleiben und die Zeit bestmöglich zu genießen.

**Wie bist du an die Jobsuche herangegangen? Und welche Vorstellungen hattest Du?**

Als ich mich offiziell bei der Agentur für Arbeit arbeitssuchend meldete, machte man mir wenig Hoffnung auf einen neuen Job. Es hieß, dass es mit über 50 schwer sein würde, eine adäquate Stelle zu finden. Zudem sei ich überqualifiziert, es gäbe aktuell keine Airline in meiner Gegend, die einen Stationsmanager oder einen Verkehrsleiter suchte. Ja, das half nicht wirklich weiter.

Mir war immerhin klar: Ich wollte nicht den erstbesten Job annehmen, sondern suchte eine neue Arbeit, die ich mir für die kommenden zehn bis 15 Jahre vorstellen konnte. Und ich fand wichtig, dass der Job, die Firma und ich zusammenpassen. Würde ich meine Arbeit allein der Arbeit wegen machen, wäre ich genauso unglücklich wie als Arbeitsloser. Ich schrieb viele, sehr viele Bewerbungen – auf 80 Prozent davon bekam ich erst gar keine Antwort. Ich bewarb mich auch in komplett anderen Bereichen, zum Beispiel als Hafenmeister oder bei einem Draisinenverleih.

**Erzähl doch mal: Wie bist du dann am Ende zu deinem neuen Job gekommen?**

Ich bewarb mich auch bei einem Touristikkonzern, der in meiner Stadt eine neue Niederlassung aufmachen wollte. Die Ausschreibung stand auf der Homepage, ein Kollege hatte mich darauf aufmerksam gemacht. Ich dachte, das probierst du aus. Es ging um eine Tätigkeit im Krisenmanagement. Das konnte ich mir gut vorstellen, weil mir Kundenkontakt gut gefällt. Mein Profil passte zur Stelle. Ich wurde zum Interview ins Unternehmen eingeladen. Die Abteilungsleiterin und ich saßen anderthalb Stunden zusammen und führten ein klasse Bewerbungsgespräch. Dazu muss ich sagen, dass ich seit über 20 Jahren keins mehr hatte. Das war toll, ganz entspannt. Ich sagte auch, dass ich mich nicht verkaufen wollte, sie sollte mich so kennenlernen, wie ich war.

Mir wurde gleich die Teamleiterfunktion angeboten. Ich wollte mich aber auf keinen Fall unter Wert verkaufen und sagte erst mal nicht zu.

Meine Gehaltsforderung lag bei 55.000 Euro im Jahr, wohlwissend, dass ich runtergehen müsste. Das Unternehmen wollte mich haben, aber nur 36.000 Euro zahlen. Bei mir meldete sich dann niemand, obwohl mir das versprochen worden war. Dann rief ich an und ging runter auf 48.000, dann auf 45.000 Euro.

Letztendlich ließ ich nicht locker und verhandelte weiter. Doch noch immer war wohl meine Vorstellung zu hoch. Ich erklärte, dass ich bereit sei, auch Führungsaufgaben zu übernehmen. Im weiteren Verlauf schrieb ich der Abteilungsleiterin eine Mail, was ich mir als Zusatzfunktion vorstellen und wie ich sie begleiten könnte. Sie fragte mich, ob ich auch reisen würde. Meine Antwort war positiv. Ich nutzte die Gunst der Stunde und forderte eine Entscheidung ein. In diesem Zusammenhang erzählte ich, dass ich ein weiteres Angebot mit besseren Konditionen auf dem Tisch liegen hätte, dass ich aber viel lieber in ihr Unternehmen wollte. Das war geblufft, damit traf ich aber voll ins Schwarze. Ich habe daraufhin ein monetär akzeptables Angebot bekommen, das ich annahm.

**Welche Erkenntnisse hast du aus den damaligen Gehaltsverhandlungen gezogen?**

Ich stelle mir die Frage – denn das ist es, was mich ärgert –, zu welchen Bedingungen Mitarbeiter heutzutage in vielen Bereichen eingestellt werden. Worum geht es denn? Doch nicht darum, die Menschen in Lohn und Brot zu bringen, um Vollbeschäftigung zu erreichen. Vielmehr steht im Fokus, möglichst viel zu produzieren und wenig Kosten zu haben. Konzerne erwirtschaften Milliardengewinne und entlassen gleichzeitig 9.000 Mitarbeiter. Autohersteller zahlen dreistellige Milliardensummen an Strafen wegen des Dieselskandals und der Vorstandsvorsitzende kriegt 9,5 Millionen Euro Gehalt, obwohl er Mist gebaut hat – und parallel dazu wird ein Stellenabbau kommuniziert. Es gibt eben keinen 25-Jährigen mit 30 Jahren Berufserfahrung, der zu einem Praktikantengehalt arbeitet. Ich glaube, wir haben in Deutschland keinen wirklichen Fachkräftemangel. Eher mangelt es an Bereitschaft, Fachkräftegehälter zu zahlen.

**Mein Slogan lautet: „Ich wurde gefeuert – zum Glück." Was ist dein Glück?**

Heute noch bin ich tief enttäuscht, todtraurig und wütend über das Ende meines alten Arbeitgebers. Doch alles hat einen Grund, wer weiß, wofür es gut ist. Rückblickend bin ich sicher, dass ich das Beste aus der Situation gemacht habe. Mein Leitsatz lautet: „Am Ende wird alles gut. Und wenn es nicht gut ist, ist es noch nicht zu Ende." Meine Frau hat ihre Ausbildung inzwischen fast beendet und ist glücklich in ihrem neuen Arbeitsumfeld.

# Kapitel 3: Das Unternehmen – Werte, Leitbild und Kultur

Es macht einen großen Unterschied, in welchem Unternehmenssystem sich der Mensch bewegt, ob er also in einem Großkonzern, einem kleineren oder mittleren Unternehmen (KMU) oder einem klassischen Start-up arbeitet. 2018 waren laut Statistischem Bundesamt 89,1 Prozent aller Betriebe in Deutschland kleine Unternehmen mit bis zu neun Mitarbeitern. 10,5 Prozent waren mittlere Unternehmen mit bis zu 500 Mitarbeitern. Große Unternehmen mit mehr als 500 Mitarbeitern machten einen Anteil von 0,4 Prozent aus.[12] Es fällt auch auf, dass in Deutschland nur ein kleiner Teil der Unternehmen an der Börse notiert ist. 2017 waren das 407 Firmen, die Zahlen sind rückläufig.[13]

Börsennotierte Unternehmen bieten ihren Mitarbeitern oft attraktive Vorteile. Neben hohen Gehältern eröffnet sich hier auch die Möglichkeit, sich ständig weiterzuentwickeln. Deshalb nehmen viele in Kauf, dass diese renditegetriebenen Betriebe vornehmlich darauf ausgerichtet sind, Aktionäre zufriedenzustellen. Alle anderen Unternehmenswerte sind dem untergeordnet – auch der Mensch. Der ständige Kosten- und Veränderungsdruck führt dazu, dass Arbeitsplätze verloren gehen. Das Rückgrat der deutschen Wirtschaft bildet allerdings der Mittelstand, wo häufig beides, Menschlichkeit und Profit, im Fokus steht.[14] Viele Firmenbesitzer verfolgen nicht nur monetäre Ziele. Tradition sowie nachhaltige und soziale Werte spielen eine ebenso gewichtige Rolle. Familienunternehmen müssen sich vor niemandem recht-

---

[12] Statistisches Bundesamt, Daten aus dem Statistischen Unternehmensregister, Statista 2020

[13] Gerald Braunberger: „Suche nach neuen Kandidaten", FAZ.net, 2.3.2018, https://www.faz.net/aktuell/finanzen/finanzmarkt/zahl-der-unternehmen-an-der-deutschen-boerse-ruecklaeufig-15473787.html, letzter Abruf am 12.8.2020

[14] Benedikt Herles: Die kaputte Elite. Ein Schadensbericht aus unseren Chefetagen, München 2013, Seite 121

fertigen. Mehr als 90 Prozent der Firmen in Deutschland gehören zu den KMU. Sie sind besonders innovativ und hier entstanden 85 Prozent aller neuen Arbeitsplätze in der EU zwischen 2008 und 2010.[15]

Die Größe eines Unternehmens sagt grundsätzlich etwas darüber aus, welches Abschiedspaket ein Mitarbeiter erwarten kann, wenn er aus dem Betrieb ausscheidet. Je größer es ist, desto wahrscheinlicher erhalten Gekündigte eine Abfindung und andere Leistungen wie Outplacement-Beratung, mit der der Arbeitgeber dem Betroffenen bei der beruflichen Neuorientierung hilft. Die Höhe der Abfindung variiert je nach Branche, Größe und Rechtsform sowie Trennungskultur. Zahlungen im sechsstelligen Bereich sind zum Beispiel für langjährige Mitarbeiter von Großunternehmen durchaus üblich. Dagegen fällt der Betrag bei kleinen Firmen vergleichsweise mager aus. Einen rechtlichen Anspruch auf Abfindung gibt es nicht. Bei Start-ups, die eher von Insolvenzen betroffen sind, weil noch nicht klar ist, ob sie sich dauerhaft am Markt halten können, gehen die Mitarbeiter sogar oft leer aus.

## Sand im Getriebe: Unternehmen ohne gelebte Werte

Auch die jeweilige Firmenpolitik kann der Grund dafür sein, dass Menschen ihren Job verlieren. Dabei geht es wieder um die Frage, ob sich der Fokus auf den Kostendruck richtet oder auf die Menschlichkeit und soziale Verantwortung. Wird auf (noch) mehr Gewinn zugunsten zufriedener Mitarbeiter verzichtet oder fallen diese schlicht den Kostensenkungen im Sinne einer Gewinnsteigerung zum Opfer?

Besonders bei Neugründungen oder nach Fusionen und Führungswechsel definieren Unternehmen, wer sie sind, wofür sie stehen und wonach sie streben. Dazu werden Unternehmenswerte festgelegt und in Form von Leitbildern schriftlich fixiert, Standards formuliert und implementiert. Diese Vorgaben sollen dazu beitragen, dass sich Mitarbeiter, Führungskräfte und alle anderen beteiligten Personen mit dem Unternehmen stärker identifizieren und als Orientierung dienen. Wertschätzung,

---

[15] Ebda., Seite 120

Fairness und ein respektvoller Umgang miteinander sind Werte, die in vielen Leitbildern stehen. Doch erst der Unternehmensalltag zeigt, ob und wie diese Werte tatsächlich gelebt werden. Oft besteht eine große Diskrepanz zwischen dem, was die Unternehmensführung vorgibt, und dem, was bei der täglichen Arbeit tatsächlich passiert. Es reicht nicht, wenn ein Leitbild auf Papier festgehalten wird, es will auch umgesetzt werden. So werden in der Praxis immer wieder langjährige und gut verdienende Mitarbeiter gegen jüngere, billigere und unerfahrenere Arbeitskräfte ausgetauscht, und zwar unabhängig davon, welche Grundsätze das Unternehmensleitbild vorgibt. Ältere Mitarbeiter sind von so manchem Chef auch deshalb nicht so gerne gesehen, weil sie unbequemer sind und die Strategien ihrer Vorgesetzten stärker hinterfragen.

Natürlich können sich im Lauf der Betriebszugehörigkeit die Prioritäten und Wertvorstellungen aufseiten des Arbeitnehmers oder des Arbeitgebers verschieben. Oft fällt gar nicht auf, dass etwas fehlt. Erst wenn jemand selbst betroffen ist, spürt er oder sie, dass es gar keine echte Firmenkultur gibt oder dass es eine erhebliche Diskrepanz zwischen definierten und gelebten Leitlinien in der Firma gibt. Dies führt mitunter zum bösen Erwachen, das bis zur Kündigung geht.

Start-ups haben hier eine Sonderstellung. Sie gelten als Organisationen mit offenen Strukturen, flachen Hierarchien und ausgewogener Work-Life-Balance. Sie sind daher besonders für jüngere Mitarbeiter eine attraktive berufliche Alternative zu etablierten Firmen. Oft ist die Atmosphäre in kleineren Unternehmen durch eine offene, familiäre Unternehmenskultur geprägt. Gerade hier kommt es darauf an, dass auf dem Weg zum Erfolg alle an einem Strang ziehen. Ist das nicht gegeben, bleibt kein Raum fürs Ausweichen oder Kompromisse. Dann sind die Mitarbeiter den Stimmungen und Entwicklungen ihrer Vorgesetzten ganz und gar ausgeliefert. Kündigung ist dann der einzige Ausweg.

## Trennungskultur: der Umgang mit Gekündigten

Jedes Unternehmen stellt Mitarbeiter ein und trennt sich wieder von ihnen. Daran ist erst mal nichts Verwerfliches. Die Art und Weise wie dies geschieht, bestimmt die Trennungskultur der Firma. Grundsätzlich gibt es beim Umgang mit Gekündigten zwei Grundrichtungen.

Die Führung geht menschlich, respektvoll, fair und sozialverträglich mit denjenigen um, die das Unternehmen verlassen. Der Mitarbeiter erhält Dank und Anerkennung für das Geleistete und wird offiziell verabschiedet. Die zweite ebenfalls gängige Variante ist, dass Mitarbeiter kostengünstig, lautlos und in Windeseile aus dem Unternehmen entsorgt werden. In diesen Fällen bleibt gerade noch Zeit, persönliche Wertgegenstände zusammenzupacken, um anschließend vom Sicherheitsmann zum Firmenausgang begleitet zu werden. Die Betroffenen haben kaum Gelegenheit, sich von vertrauten Kollegen oder ihrem Team zu verabschieden. Dies kommt einem Rauswurf gleich. Zurück bleibt ein verstörter, gekränkter Ex-Mitarbeiter mit vielen offenen Fragen, der unfreiwillig in eine persönliche und berufliche Krise gerät. Nicht jeder schafft es, sich aus dem Schlamassel zu befreien und wieder auf die Beine zu kommen. Hierüber sprechen in der Öffentlichkeit leider nur die wenigsten. Denn auch heute ist Jobverlust nach wie vor ein Tabuthema, über das lieber geschwiegen und das unter den Teppich gekehrt wird. Zu groß ist die Angst, verurteilt und stigmatisiert zu werden, denn Arbeitslosigkeit gilt auch heute noch als Makel.

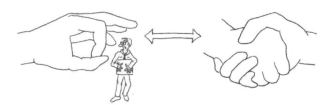

Zukünftig wird ein offener und menschlicher Umgang, der alle am Kündigungsprozess beteiligten Personen einbezieht, noch wichtiger sein. Denn wie zuvor dargelegt, stehen wir vor tiefgreifenden und herausfordernden wirtschaftlichen sowie gesellschaftlichen Veränderungen.

Es ist sehr wohl möglich, dass berufliche Umbrüche für viele fest zum Berufsalltag gehören werden. Trennungs- und Veränderungsprozesse konstruktiv und bestmöglich zu meistern – das kann nur gelingen, wenn diese Themen positiv und offen angegangen werden und es dabei um das Wohl aller geht.

Voraussetzung dafür ist, dass ein Unternehmen von oberster Stelle aus eine Trennungsstrategie entwickelt und implementiert. Der Firmenleitung kommt dabei eine besondere Rolle zu. Sie sollte Vorbild sein und mit gutem Beispiel vorangehen. Nur so wird es möglich, definierte Qualitätsstandards beim Personalabbau zu etablieren.

Die Realität sieht bislang anders aus. Laut einer Studie der Personalberatung Kienbaum[16] von 2016 gibt es in 70 Prozent aller Firmen keine definierte Trennungsstrategie. Führungskräfte, die die damit verbundenen Gespräche in ihrem Betrieb durchführen, sind oftmals nicht geschult und gehen unvorbereitet in die Termine und den bevorstehenden Trennungsprozess. Die Folge: ungute Aufhebungsgespräche und unnötige Klagen vor dem Arbeitsgericht. Die Wirkung: Kollegen, die zurückbleiben sind oft geschockt und demotiviert.

Das Kündigungsgespräch ist meist sowohl für Arbeitgeber als auch für Arbeitnehmer besonders unangenehm. Nur wenige wissen, was in einer solchen Situation zu tun ist. Laut Kienbaum gaben zwei Drittel der befragten Führungskräfte an, gar nicht oder kaum auf Trennungsgespräche vorbereitet zu sein. Sie werden nicht darin geschult, professionell mit schwierigen Gesprächsverläufen umzugehen.[17]

Führungskräfte in großen Unternehmen sind häufig reine Zahlenmenschen. Sie können Zahlen, Daten und Fakten analysieren. Die weichen Faktoren wie Empathie, Mitgefühl und Menschlichkeit treten häufig in den Hintergrund. Das, was mit Psychologie, Emotionen und zwischen-

---

[16] Kienbaum Consultants International GmbH, Kienbaum Studie „Trennungsmanagement 4.0", Themen, Trends und Best Practices, 20.7.2016, assets.kienbaum.com/downloads/Trennungsmanagement-4.0_Kienbaum-Studie_2016.pdf?mtime=20161102113535, letzter Abruf am 11.9.2020

[17] Ebda.

menschlichen Beziehungen zu tun hat, wird bewusst ausgeblendet.[18] Viele Manager sind nicht einmal mit ihrer eigenen Gefühlswelt vertraut. Für die Unternehmen ist damit ein Risiko verbunden, denn die Forschung hat erkannt, dass die meisten Entscheidungen im emotionalen Teil unseres Gehirns getroffen werden. Wenn dieser Bereich nicht einbezogen wird, ist das nicht nur ungesund, sondern kann sogar geschäftsschädigend wirken.[19]

Spätestens beim Trennungsgespräch kommen Emotionen im Spiel, sie lassen sich nicht zur Seite schieben. In solchen Momenten sind Empathie und Mitgefühl gefragt, doch damit tun sich viele Vorgesetzte schwer. Ihnen unterlaufen immer noch zu viele Fehler. Dadurch werden die Gefühle anderer Menschen verletzt, die wiederum entsprechend reagieren und um sich schlagen.

# Knud D.: Kündigungen als Teil des Berufsalltags

Geburtsjahr: 1970
Jahr der Kündigung: 2017
Dauer der Betriebszugehörigkeit: sechs Jahre
Kündigungsgrund: Der Vorstand musste gehen,
mit ihm alle an ihn berichtenden Führungskräfte.
Erster Gesprächstermin: Dezember 2017
Letzter Gesprächstermin: April 2020

*Einer, der sich mit Kündigungen auskennt, ist Knud D. Über 20 Jahre seiner beruflichen Karriere hat der Personalleiter bislang in leitenden Positionen auf Konzernebene verbracht. Dabei hatte er auch immer wieder mit Stellenabbau zu tun. Als Experte gewährt er Einblicke hinter die Kulissen rund um das Thema Entlassung.*

---

[18] Herles, Seite 112

[19] David Gutensohn: „Je höher Manager kommen, desto einsamer werden sie", Zeit online, 27.12.2019, www.zeit.de/arbeit/2019-12/management-fuehrungsposition-mitarbeiter-isolation-psyche-christan-dogs, letzter Abruf am 13.8.2020

**Welche Erfahrungen hast du in den ganzen Jahren gemacht? Wie trennen sich Arbeitgeber von ihren Mitarbeitern?**

Zunächst war ich acht Jahre lang bei einem US-amerikanischen IT- und Beratungsunternehmen tätig. Nach mehreren wirtschaftlich erfolgreichen Jahren ging es dort ab 2001 zahlenmäßig steil bergab. Die Amerikaner waren sehr prozessorientiert und drückten sofort auf die Kostenbremse. Über einen Zeitraum von fünf Jahren wurde Personal abgebaut, am Schluss mussten auch Standorte mit mehreren hundert Mitarbeitern schließen.

Als ich in jungen Jahren Personalleiter wurde und die ersten Aufhebungsgespräche führte, wollte ich natürlich allen zeigen, dass ich ein „tough guy" bin, ein echt harter Typ. Die jungen Menschen schickt man in den Krieg, heißt es ja auch. Ich habe mich richtig in die Arbeit gestürzt. 70-Stunden-Wochen waren keine Seltenheit. Phasenweise habe ich auch die Wochenenden komplett durchgearbeitet. Anders als in vielen anderen Firmen wurden wir ausgesprochen gut darauf vorbereitet, Ausstellungsgespräche professionell durchzuführen. Mit Rollenspielen wurden wir in die jeweilige Trennungssituation hineinversetzt. Wir wussten, dass es nicht ernst war, doch es ging so realistisch zu, dass der Kündigende sowie der zu Kündigende feuchte Hände oder Herzrasen hatten.

Auch die Kommunikation des Top-Managements gegenüber Führungskräften und Belegschaft war klar und transparent. Alle wussten, dass es in Deutschland ein Kostenproblem gab und die Ausgaben für Personal um einen bestimmten Prozentsatz gesenkt werden mussten. Den Mitarbeitern wurde vorab immer bekannt gegeben, worum es im Gespräch gehen würde, somit war niemand überrascht. Sehr viele Menschen im Unternehmen mussten gehen. Mir war klar, dass dieser Einschnitt alle bewegen würde, folglich sollte es möglichst sozial und fair zugehen. Was wir vermeiden wollten, waren Ansagen wie „Pack deine Sachen und geh".

In diesem Unternehmen durfte ich unglaublich viel in Sachen Personalausstellung lernen. Es gab auch heikle Ausgangssituationen verbunden mit Diebstahl oder sogar Totschlag. Da brauchte ich natürlich auch gar nicht lange zu überlegen. Die betreffende Person musste in mein Büro kommen. Der Sicherheitsdienst war bereits vorab informiert, stellte sich vor die Tür und wartete mit einem Karton in der Hand. Dem zu kündigenden Mitarbeiter sagte ich dann ziemlich kurz und schmerzlos, dass sich die Firma von ihm trennt. Die Mitarbeiter vom Sicherheitsdienst begleiteten die betreffende Person zu ihrem Arbeitsplatz, warteten, bis sie ihre persönlichen Sachen gepackt hatte, und brachten sie nach draußen vor die Tür. Das war's dann. Alles andere wurde auf schriftlichem Weg geregelt. Das war natürlich für die Betroffenen, die noch nicht mal ahnten, dass sie ertappt worden waren, sehr konfrontativ.

**Wie ging es dann weiter in deiner beruflichen Laufbahn? Was stand als Nächstes an?**

Meine nächste berufliche Station führte mich in ein Unternehmen, bei dem jahrelang keinerlei Performance-Management gemacht worden war. Als ich dort meine Stelle antrat, bekam ich erst mal die unangenehmen Aufgaben, die sonst keiner machen wollte. Dazu zählte auch das Durchführen von Beendigungsgesprächen. Damit kannte ich mich ja bestens aus.

Ich war bereit, diese Aufgabe zu übernehmen, allerdings unter einer Bedingung: Wenn ich als Personalleiter Trennungsgespräche führen sollte, dann wollte ich auch zuständig für alle anderen Gespräche wie Gehaltserhöhung, Beförderung usw. sein. Das wollten meine Chefs nicht. Ich erklärte, dass ich nicht einverstanden wäre, wenn es einen „bad guy" und viele „good guys" gäbe. Das Ende vom Lied: Auf einmal hatte jeder Angst, wenn ein Termin mit mir anstand, weil dann gleich auf Beendigung getippt wurde.

Doch der Grund für mich, das Unternehmen wieder zu verlassen, war ein anderer. Wenn Führungskräfte auf Kosten der Mitarbeiter die Zahlen manipulieren, um ihren Bonus aufzustocken, passt das nicht in meinen Wertekanon. Für mich kam das nicht infrage. Ich hätte mir morgens nicht mehr im Spiegel in die Augen schauen können – und habe deswegen gekündigt.

**Was war die nächste Station?**

In den letzten acht Jahren war ich dann bei der Holding eines weltweit agierenden Unternehmens angestellt. Dort baute ich den gesamten Personalbereich neu auf und berichtete an den Vorstandsvorsitzenden. In dieser Firma gab es so gut wie keine Trennungskultur. Es wurde so viel Geld für das Auflösen von Arbeitsverhältnissen in die Hand genommen, dass diejenigen, die gehen sollten, keine Minute warteten, sondern gleich einverstanden waren.

Der typische Gesprächsverlauf bei einem Aufhebungsgespräch war in etwa so: „Herr Lüdenscheid, wir passen nicht mehr zusammen. Sie sind ab heute freigestellt. Alles andere klären wir dann." Das konnte den einen oder anderen auch komplett unvorbereitet treffen. Ab einer gewissen Ebene und ab einem gewissen Alter standen die Mitarbeiter dort tendenziell auf einer roten Liste.

**Wie erging es dir in der Rolle des Kündigenden?**

Am Anfang wollte ich es allen zeigen und einfach einen gut Job machen. Ich stürzte mich richtig in die Arbeit. Irgendwann stellte ich fest, dass ich nicht mehr abschalten konnte. Ich nahm die Gedanken an meine Aufgaben mit ins Bett und wenn ich aufwachte, dachte ich als Erstes wieder an meine Arbeit.

**Was für Gedanken kamen denn bei dir auf?**

Wenn ich ein Beendigungsgespräch führte und der Gekündigte nicht total sauer war, bekam ich häufig die komplette Lebens- und Leidensgeschichte dieses Menschen serviert. Der Jobverlust war für manche ein Dolchstoß mit gravierenden Auswirkungen auf das Privatleben. Es waren auch Schicksale dabei, bei denen ich mich fragte, ob die betreffende Person je wieder auf die Beine kommen würde.

Das beschäftigte mich extrem. Im Grunde gab es für mich nur zwei Optionen. Entweder schaffte ich es, mir einen Teflonanzug anzuziehen, damit alles an mir abperlte, oder aber ich lief Gefahr, zugrunde zu gehen. Als empathischer Vorgesetzter war es mir nicht egal, was mit den Mitarbeitern geschah. Ich fühlte mich für sie verantwortlich. Inzwischen kann ich gut nachvollziehen, warum mein Arbeitgeber sich ab einem gewissen Alter von seinen Mitarbeitern in Führungspositionen trennte.

**Und dann ging es dir plötzlich selbst an den Kragen ...**

Das war ein totaler Schock für mich, das Ganze traf mich völlig unvorbereitet. Ich hatte wohl wahrgenommen, dass in der Firma aktuell schlechte Stimmung herrschte und hatte auch mit meiner Frau darüber gesprochen. Greifen konnte ich das aber nicht wirklich. Sie fragte mich, ob es mit mir zu tun hätte, was ich verneinte. Irgendwie war die Atmosphäre einfach nicht gut. Zudem hatte ich drei Monate vor der Trennung noch eine Gehaltserhöhung von zwölf Prozent wegen guter Leistungen bekommen.

**Wie ist das Trennungsgespräch abgelaufen? Wer war dabei, als du gekündigt wurdest?**

Wir waren zu dritt im Raum, mein Chef, der Personalvorstand und ich. Wir setzten uns hin. Mein Chef kam direkt zur Sache: „Wir wollen nicht mehr, das passt nicht mehr." Ich erwiderte, dass ich gerade nicht verstehen würde, was los war. Hatte ich irgendetwas falsch gemacht? Hat jemand gesagt, ich sei ihn angegangen? Hatte ich jemanden beleidigt, mich unangemessen verhalten, gestohlen oder was auch immer? Nein, nichts dergleichen. Ich bekam lediglich als Antwort, dass der Bereich, den ich aufgebaut hatte und für den ich verantwortlich war, neu aufgestellt werden sollte. Meine Vorgesetzten glaubten nicht, dass ich dazu passen würde. Mir wurde ein Aufhebungsvertrag vorgelegt und ein Schreiben, in das nur noch handschriftlich die Freistellungdaten eingetragen wurden. Ich musste bei dem Anblick an einen Abreißblock denken. Das war das, was mich in dieser Situation tatsächlich am stärksten erschütterte.

Mein damaliger direkter Vorgesetzter war auch dabei. Dem war total unwohl, denn wir hatten ein sehr gutes Verhältnis zueinander. Er war nicht in der Lage, auch nur ansatzweise etwas beizutragen. Zu ihm habe ich seitdem keinen Kontakt mehr. Der wohnt zwar in der gleichen Stadt wie ich, aber wir sind uns bisher noch nie über den Weg gelaufen. Ich würde ihn freundlich grüßen, aber nicht zwingend mit ihm sprechen wollen. Wenn er mich ansprechen sollte, würde ich zu ihm sagen: „Ja, alles gut. Lass uns einfach weiter unserer Wege gehen." Der Schock hielt damals zwei bis drei Tage an, danach war ich einfach nur wütend.

**Wie hast du denn im Nachhinein den wahren Kündigungsgrund herausgefunden?**

Der Vorstandsvorsitzende, der mich geholt hatte, war schon einige Monate vorher nach Hause geschickt worden. Auch er wohnte in meiner Stadt. Zu ihm hatte ich immer noch einen guten Draht und wir setzten uns einige Male zusammen. Ich fragte ihn, ob er mir erklären könne, was passiert war? Ich konnte das wirklich nicht verstehen. Da sagte er: „Ja, kann ich."

Es war so: Ich hatte den zentralen Personalbereich aufgebaut. Das war immer mal wieder als Ziel ausgerufen worden, das aber von ganz oberster Stelle nie hätte verfolgt werden sollen. Nachdem wir hier ein Stück weit zu erfolgreich waren, musste der Inhaber reagieren. Es wurde auch nicht gerne gesehen, dass ich den Bereich zentral führte und Regeln aufstellte. Andere störten sich daran. Das wollten die nicht. Im Nachhinein konnte ich das verstehen, aber in der Situation damals ganz und gar nicht. In dem Moment dachte ich, dass ich im vollkommen falschen Film bin.

**Was hast du in dieser Situation empfunden? Was war daran das Schlimmste für dich?**

Ich verspürte kurzzeitig Zukunftsangst. Das hat sich dann schnell gelegt, weil ich mit dem Absicherungspaket, was wir dann verhandelten, dreieinhalb Jahre abgesichert gewesen wäre, ohne einen Cent weniger zu haben. Am Anfang gab es meinem Selbstbewusstsein einen ziemlichen Knacks, weil es bei mir bis dahin immer nur bergauf gegangen war. Gleichzeitig wusste ich jedoch, dass ich mit meinem Lebenslauf überhaupt keine Schwierigkeiten haben würde, wieder unterzukommen und eine passende Stelle zu finden. Meine Familie und ich waren auch räumlich flexibel. Erst mal nahm ich für ein Jahr voll bezahlte Elternzeit. Meine Frau ging extrem gut mit meiner Situation um. Sie unterstützt mich jederzeit. Zusätzlich holte ich mir psychologische Hilfe. In dieser Situation brauchte ich jemanden, der mich aufbaute und mein Selbstbewusstsein stärkte.

**Wie hat dein Umfeld reagiert, als du plötzlich daheim warst?**

Am Anfang verkauften wir das Ganze einfach als Elternzeit. Nach einem halben Jahr fing ich dann an, den Leuten die Wahrheit zu erzählen. Die Reaktionen erstaunten mich. Die waren gar nicht verwundert, sondern meinten, dass diese Vorgehensweise typisch sei und die Führung in der Firma immer so handeln würde. Ich hatte befürchtet, dass keiner meine Version glauben würde. Ich hatte Angst vor Sätzen wie: „Ja ja, komm, du erzählst, du hast nichts gemacht, aber du hast doch da irgendwie in die Kasse gegriffen oder was auch immer." Das war meine Angst, mein eigenes Kopfkino war sehr ausgeprägt. Was ich zu hören bekam, klang aber komplett anders: „Das kennen wir. Wir wissen, wie der Laden funktioniert."

**Wie lang hast du gebraucht, um das Ganze zu verdauen und wie lang war deine Auszeit?**

Ach, das ist schwer zu sagen. Ich würde sagen, es dauerte auf jeden Fall drei bis sechs Monate, bis ich alles verarbeitet hatte. Meine Auszeit dauerte 13 Monate.

**Wie erging es dir auf der Suche nach einem neuen Job? Hast du mit Headhuntern Kontakt aufgenommen?**

Dank meiner langjährigen Tätigkeit im Personalwesen kannte ich natürlich viele Headhunter. Denen habe ich nach einem kurzen Telefonat meinen Lebenslauf zugesendet. Auch kamen viele Headhunter auf mich zu, nachdem ich meinen beruflichen Status auf „Jobsuche" geändert hatte.

**Wurdest du in Vorstellungsgesprächen danach gefragt, wie die vorherigen Jobs zu Ende gegangen sind?**

Ja, aber das habe ich nicht erzählt. Ich sagte, dass ich mich persönlich verändern wollte, da ich in der alten Firma in meinem Alter nicht mehr gefragt war.

**Was hat dich davon abgehalten, die Wahrheit zu sagen?**

Das ist eine gute Frage. Irgendwie habe ich mich doch geschämt.

**Wie war es, als du dann einen neuen Job angefangen hast?**

Mir war von Anfang an klar, dass auf meiner beruflichen Ebene die Leistung schnell eine untergeordnete Rolle spielen kann – wenn es nämlich um Unternehmenspolitik und subtile Entwicklungen geht. Und natürlich spielte plötzlich auch Angst eine Rolle, weil ich erlebt hatte, wie schnell eine Trennung einen persönlich treffen kann.

**Wie geht es dir da, wo du jetzt bist?**

Da geht es mir sehr gut. Ich fahre mit Spaß zur Arbeit.

**Was hast du aus der Kündigung für dich gelernt? Und hat sich deine Arbeit als Personalleiter durch die persönliche Erfahrung verändert?**

Erkannt habe ich, dass ich mich im Berufsleben auf niemanden verlassen kann. Aber nein, geändert hat sich bei meiner Arbeit nichts. Ich führe zum Beispiel Rückkehrgespräche mit Angestellten, die unendlich viele Krankentage haben, spreche aber auch Kündigungen aus. Mein persönliches Wertesystem, das ich vorher hatte, ist gleich geblieben.

**Mein Slogan lautet: „Ich wurde gefeuert – zum Glück." Was ist dein Glück?**

Ich glaube, dass es im ersten Moment selten ein Glück ist, gefeuert zu werden. Das muss man zuerst aufarbeiten. Mein Glück war tatsächlich, die starke Unterstützung meiner Frau zu spüren. Das zeigt sich erst dann, wenn das Ereignis wirklich eintritt.

# Claudia L.: Ein Pharmabetrieb tauscht seine Arbeitskräfte aus

Geburtsjahr: 1958
Jahr der Kündigung: 2018
Dauer der Betriebszugehörigkeit: 25 Jahre
Kündigungsgrund: Minimierung der Personalkosten und
Umstrukturierung des Außendienstes
Erster Gesprächstermin: Oktober 2019
Letzter Gesprächstermin: April 2020

*Nun erzählt die Pharmareferentin Claudia L. ihre Geschichte. Sie arbeitete 25 Jahre bei ihrem Arbeitgeber, als ihr Job einem Kostensenkungsprogramm zum Opfer fiel. Hier hätte das Motto lauten können „BIETE: Alte, Teure, Schwache – SUCHE: Junge, Billige, Starke". Das Unternehmen, in dem sie arbeitete, stand ebenfalls unter Druck in einem gesättigten, hart umkämpften Markt und generierte immer weniger Ertrag. Das hatte auch mit den im Vergleich zur ausländischen Konkurrenz zu hohen Personalkosten in Deutschland zu tun.*

**Erzähl mal: Was passierte bei dir, als das Unternehmen nach und nach immer mehr unter Druck geriet?**

2018 wurde der Außendienst des Unternehmens umstrukturiert. Im Zuge eines Freiwilligenprogramms bekamen alte, kranke und teure Arbeitnehmer sowie sogenannte Minderleister einen Aufhebungsvertrag angeboten. Wer diesen nicht akzeptieren wollte, würde eben betriebsbedingt gekündigt, hieß es.

Letztendlich unterschrieb ich die Aufhebungsvereinbarung. Insgesamt wurden 50 Mitarbeiter aussortiert. Drei Monate später erhielten die im Unternehmen Verbliebenen 1.500 Euro Kopfgeld für neu angeworbene Mitarbeiter. Ziel der ganzen Aktion war es, die Personalkosten zu reduzieren. Die Neuen wurden mit 50 bis 60 Prozent weniger Gehalt eingestellt.

**Wie war denn dein Chef? Und wie das Betriebsklima?**

Mein Chef war eine Plaudertasche, aber ansonsten ganz in Ordnung. In der Firma herrschte eine hierarchische Machtstruktur, es wurde nach Gutsherrenart geführt. Die Stimmung verschlechterte sich mit der Zeit immer mehr.

**Wie kam es zur Kündigung? Wie verlief das Trennungsgespräch?**

Das Freiwilligenprogramm wurde in einer Videoschalte vorgestellt, die geplanten Maßnahmen folgten am Tag danach. Wer vom Stellenabbau betroffen war, erhielt eine elektronische Nachricht. Mein Trennungsgespräch fand am Telefon statt. Beteiligt waren der Betriebsrat, jemand aus der HR-Abteilung, mein Chef-Chef und ich. Zum Glück lief alles wertschätzend ab. Ich reagierte gelassen, witzig und beherrscht. Doch: Es war das erste Mal, dass ich in die Arbeitslosigkeit geriet – und das nach so vielen Berufsjahren. Meine Arbeit erfüllte mich sehr, sie war mein Leben. Plötzlich wurde mir der Boden unter den Füßen weggezogen.

**Was war deine stärkste Emotion?**

Trauer! Ich liebte meine Arbeit von ganzem Herzen und ging ihr mit Leidenschaft nach. Und dann kam einfach so das Ende – auch wenn ich bereits eine Vorahnung hatte. Und es kränkte mich, dass mein ehemaliger Chef sich nicht von mir persönlich verabschiedet hatte. Er sagte drei Terminvorschläge zum Essen ab und meldete sich einfach nicht mehr. Immerhin war ich sein Zugpferd mit den besten Umsätzen gewesen. Menschlich gesehen finde ich sein Verhalten schäbig.

**Wie lief dein letzter Arbeitstag ab?**

An meinem letzten Arbeitstag fand – sehr passend – ein Palliativkongress statt. Beim Standabbau brach ich weinend zusammen. Zum Glück war ich nicht allein in dem Moment. Es waren so viele Kolleginnen da, die mir beistanden. Danach fuhr ich nach Hause und machte Tabula rasa. Mein erster Gang führte zum Müllcontainer. Befreiung heißt auch räumen! Nach zwei Tagen war ich firmenfrei. Ich heulte allerdings wie ein Schlosshund, als ich meine Arbeitstasche in den Keller verbannte.

**Wer oder was hat dir in der Situation geholfen?**

Mir hat es geholfen, dass ich ein resilienter Charakter bin. Wenn sich etwas nicht ändern lässt, verschwende ich keine Energie darauf, mich darüber zu beschweren. Guten Rückhalt habe ich bis heute auch durch meine Freunde. Immer wenn ich am absoluten Tiefpunkt war, rettete mich einer von ihnen! Einmal saß ich mit dem Aufhebungsvertrag da, in Tränen aufgelöst. Genau da rief mein ältester und bester Freund an. Als hätte er es geahnt. Zum Glück habe ich Menschen an meiner Seite, die mich unterstützen. Ich bin nicht allein.

**Wie bist du mit der Situation umgegangen? Was würdest du heute anders machen?**

Nach meiner Freistellung hat mir die Agentur für Arbeit ein dreimonatiges Akademiker-Coaching angeboten. Das umfasste pro Woche einen Tag Gruppencoaching und eine Stunde Einzelcoaching. Beruflich half mir das nicht, aber es begleitete meinen Übergang in eine neue Lebensstruktur. Wohltuend fand ich den Austausch mit anderen, auch jüngeren Betroffenen. Und nebenbei bemerkt: ich hatte im Vorfeld meine Bedenken wegen der Agentur. Diese Vorbehalte waren vollkommen unangebracht: toller Service, guter Ton.

Ich nahm auch gleich hektisch einen 450-Euro-Job an. Das würde ich heute nicht mehr machen, sondern mir mehr Zeit lassen. Ansonsten durchlebte ich eine Welle der Gefühle von Trauer, Wut und Angst. Ich verspürte teilweise auch eine Demütigung und hatte Albträume. In dieser Zeit ist außerdem meine Mutter gestorben, was mich zusätzlich mitnahm und belastete.

**War das Ende absehbar?**

Ja, es hatte sich schon abgezeichnet. Wenige Monate vor dem Stellenabbau gründete das Unternehmen einen Leasingaußendienst. Direkte Einstellungen wurden vermieden, indem die Firma in diesem Bereich Leiharbeiter einsetzte. Auf Nachfrage wurde stets abgestritten, dass sich für uns Mitarbeiter aus dieser Entwicklung irgendwelche Konsequenzen ergeben würden.

**Was hast du für deinen Aufhebungsvertrag ausgehandelt?**

Ich wurde für zehn Monate mit vollen Bezügen freigestellt, danach meldete ich mich arbeitslos. In der Zeit der Freistellung bekam ich weiterhin Weihnachtsgeld und einen Teil der Jahresprämie ausgezahlt. Sogar meinen Dienstwagen durfte ich bis zum offiziellen Ende des Arbeitsverhältnisses behalten. Das Abfindungspaket war angemessen. Ob ich damit finanziell abgesichert bin, wird sich in einigen Jahren zeigen. Von einer Klage habe ich abgesehen.

**Hättest du Alternativen zum Aufhebungsvertrag gehabt?**

Im Grunde hatte ich drei Optionen: Ich konnte das Abfindungspaket nehmen und gehen. Oder: Ich wäre in Altersteilzeit gegangen und mit 63 Jahren draußen gewesen, damit aber finanziell schlechter gefahren. Oder: Ich hätte im Unternehmen bleiben können, da das Stellenabbauprogramm freiwillig war – allerdings zu schlechteren Konditionen. In dem Fall hätte ich ein anderes Verkaufsgebiet bekommen. Letztendlich ging ich schweren Herzens, weil ich das Gefühl hatte, nicht mehr gewollt zu sein.

**Wie zufrieden warst du mit deinem Anwalt und hat sich die Arbeitsrechtsschutzversicherung gelohnt?**

Mein Anwalt war klasse. Ich beauftragte ihn, um zu vermeiden, dass der Aufhebungsvertrag unsachgemäße Formulierungen enthält, die womöglich eine Sperre bei der Agentur für Arbeit nach sich gezogen hätten. Im Gegensatz zu fast allen anderen betroffenen Kollegen bekam ich mein Geld. Die Rechtsschutzversicherung hat hier gar nicht gegriffen, weil wir uns ja freiwillig einvernehmlich einigten. Eine Klage hätten sie dagegen unterstützt. Ich durfte auch feststellen, dass gute Anwälte nicht für die Sätze der Rechtsschutzversicherung arbeiten. Die rechnen teilweise mit hohen Stundensätzen ab. Mein Anwalt verlangte 250 Euro pro Stunde. Doch das war es mir wert, ich fühlte mich damit sicher.

Wegen meiner Abfindung wendete ich mich an einen Steuerberater. Mein Arbeitgeber hätte mir und auch all meinen ausscheidenden Kollegen zwar eine Beratung bei einer von ihm ausgesuchten Kanzlei bezahlt, der junge Rechtsanwalt dort war in meinen Augen jedoch nicht versiert genug.

**Was würdest du anderen in einer solchen Situation raten?**

Immer einen Anwalt und einen Steuerberater hinzuziehen. Das kann einen sonst teuer zu stehen kommen. Wichtig ist auch zu hinterfragen, ob sich eine Klage überhaupt lohnt. Viele, die in unserem Fall klagten, fuhren im Vergleich schlechter als mit der freiwilligen Regelung.

**Wie erging es dir auf der Suche nach einem neuen Job?**

Ein Jahr hatte ich mir gegeben, um vielleicht mit viel Glück und Zufall einen Job in meinem bisherigen Arbeitsfeld zu bekommen. Ich berate und verkaufe für mein Leben gern, war fast mein ganzes Berufsleben für betäubungsmittelpflichtige Produkte zuständig. Mit meiner Expertise konnte ich zusammen mit Ärzten viel bewegen. Auf keine meiner wenigen Bewerbungen bekam ich eine Antwort. Jetzt, in der Corona-Krise, ist das sowieso alles Makulatur. Alle Pharmareferenten sind im Homeoffice oder in Kurzarbeit. Ich denke, dieser Beruf wird mit der Zeit aussterben, da sich weder die Politik noch die Ärzte für ihn einsetzen und in Zukunft wegen Covid-19 verstärkt digital gearbeitet wird.

Mein Plan B ist – und das würde die Agentur für Arbeit auch fördern –. eine Ausbildung als Demenzbetreuerin zu machen. Das dauert nicht lange und ich kann sehr gut mit den betroffenen Menschen umgehen. Die Arbeit macht mir Freude. Kollegialität und Achtsamkeit im Umgang mit anderen sind mir wichtig. Allerdings muss ich sagen, dass ich diese Tätigkeiten nur übernehmen kann, weil ich finanzielle Reserven habe. Demenzbetreuer werden sehr schlecht bezahlt. Im Moment liegt dieser Plan wegen der Pandemie auf Eis. Ich werde das auf jeden Fall angehen, sobald es die Situation erlaubt.

**Wie gestresst warst du in dieser für dich schwierigen Zeit?**

Mein gefühlter Stresslevel lag im normalen Bereich. Allerdings ging es mir gesundheitlich sehr schlecht. Ich bin chronische Schmerzpatientin und all die Erschütterungen trugen dazu bei, dass sich die Schmerzen verschlimmerten. Wut verspürte ich nur ganz kurz mal, nur einen Anflug. Der Trauer setzte ich etwas entgegen, indem ich weiter zum Sport, ins Theater, ins Kino und in die Kneipe gegangen bin.

**Bist du eher jemand, der die Dinge mit sich selbst ausmacht?**

Ich muss schweigen und reden, wenn es um Aufarbeitung geht. Schweigen nicht zu lange, reden nicht zu viel.

**Was denkst du: Wo stehst du aktuell im Ablösungsprozess von der alten Firma?**

Hinter mir liegt ein Trauerjahr, eine solche Veränderung kostet Kraft und Energie. Erst vor ein paar Monaten ist endgültig von mir abgefallen, was noch mit der Firma zusammenhing.

**Hast du deine Entscheidung für den Aufhebungsvertrag im Nachhinein bereut?**

Nein, das war richtig. Ich hätte es nicht mehr ausgehalten. Die Situation war so weit gediehen, dass ich mich hätte verbiegen müssen.

**Was hast du mitgenommen aus dieser Zeit?**

Der Job war gut und machte mir Freude. Heute möchte ich diese 60-Stunden-Wochen mit Umsatzdruck und Stau im Auto nicht mehr geschenkt zurück. Ich bin insgesamt genügsamer geworden und dankbarer für das, was mein Leben ausmacht. Und meine Essgewohnheiten haben sich zum Positiven verändert. Außendienstler sind ja unkontrollierte Allesfresser – schnell, schnell aus der Hand im Auto –, weil es keinerlei Pausen gibt.

**Mein Slogan lautet „Ich wurde gefeuert – zum Glück." Was ist dein Glück?**

Meine absolute Selbstbestimmung ist mein Glück, wenn aktuell wegen Corona auch eingeschränkt. Diesen Umstand verbuche ich allerdings unter höhere Gewalt.

# Greta A.: Wenn dem Start-up das Geld ausgeht

Geburtsjahr: 1962
Jahr der Kündigung: 2017
Dauer der Betriebszugehörigkeit: ein Jahr
Kündigungsgrund: Insolvenz
Erster Gesprächstermin: Februar 2018
Letzter Gesprächstermin: August 2018

*Die promovierte Naturwissenschaftlerin Greta A. war mit Mitte 50 als Laborleiterin nach fast zehn Jahren Familienphase wieder in den Beruf eingestiegen – und hatte die für sie ideale Stelle gefunden! Und nun hatte Greta A. eine schwierige Situation zu bewältigen: Vor Monaten hatte sie erneut ihren Arbeitsplatz verloren. Seitdem hing sie in der Luft. Einerseits wirkte der Schock der Entlassung nach, andererseits keimte in ihr die Hoffnung, dass es doch irgendwie weitergehen könnte. Die Trauer um den verlorenen Traumjob verhinderte eine effektive Suche nach Alternativen.*

**Greta, wenn du an deinen letzten Arbeitgeber denkst, dann ...?**

„... denke ich vor allem an jede Menge Ärger, viele nicht eingehaltene Versprechen und große Enttäuschungen. Der Jobverlust im letzten Jahr hat mich sehr aufgewühlt und die Sache ist noch nicht ausgestanden. Immer noch treibt mich die Frage um, wie es soweit kommen konnte, wo das Ganze doch so voller Enthusiasmus und mit großen Hoffnungen angefangen hatte. Ich denke andauernd darüber nach, was schiefgegangen ist, und komme keinen Schritt vorwärts.

**Was ist passiert? Erzähl doch mal: Wie fing denn bei dir damals alles an?**

Ich arbeitete für ein junges Unternehmen, das eine Maschine entwickelte, die auf neuartige Weise Krankenhausabfälle desinfizieren sollte. Bei einem Start-up besteht natürlich immer die Gefahr des Scheiterns, das war mir schon klar. Aber ich wollte unbedingt wieder zurück in meinem Beruf, mit meinem Thema arbeiten und hier hatte sich eine hervorragende Gelegenheit geboten.

Zunächst war ich ganz begeistert. Ich freute mich wahnsinnig, bei dieser Firma zu arbeiten. Denn fast hatte ich die Hoffnung aufgegeben, wieder in meinem Beruf einsteigen zu können. Schon wie ich die Stelle bekommen hatte, war ungewöhnlich gewesen. Plötzlich war bei mir per Xing eine Anfrage hereingeflattert, kurz darauf hatte ganz unkompliziert ein Vorstellungsgespräch stattgefunden und plötzlich bekam ich ein Jobangebot, das sich super anhörte. Eine Arbeitsstelle in meiner Branche, noch dazu im Nachbarort, quasi gleich um die Ecke. Arbeitszeit frei gestaltbar, Reisen, gutes Geld. Also hatte ich zugesagt und den ersten unbefristeten Vertrag meines Lebens unterschrieben. Ein Freund hatte das sogar als „Sechser im Lotto" bezeichnet.

Am Anfang herrschte Aufbruchstimmung und Optimismus. Alle waren eifrig dabei. Meine Aufgabe war es, ein Labor von Grund auf neu aufzubauen, ein alter Traum von mir, der nun ganz unerwartet in Erfüllung ging. Ich genoss es, wieder zu arbeiten, eigenes Geld zu verdienen, alle paar Wochen ins Ausland zu reisen und dabei auch viel Neues kennenzulernen. Das Verhältnis zu den Geschäftsführern war locker und unkompliziert. Wir lachten viel. Es war schön, Kollegen zu haben und sich mit ihnen auszutauschen. Ich fand das ganz wunderbar.

Doch nach einigen Monaten fingen die Schwierigkeiten an. Die Maschine wurde sehr viel später fertig als geplant und funktionierte nicht so richtig. Außerdem gab es Probleme mit den Zulieferern. Beide Geschäftsführer waren aber immer voll überzeugt von ihrer Idee und von ihrem Erfolg. Auch die anderen Mitarbeiter sahen das so. Nur ich wurde immer skeptischer.

**Zu Recht, denn dann wurde ja eine betriebsbedingte Kündigung ausgesprochen. Wie ging das vor sich?**

Letztendlich verzögerte sich die Entwicklung der Maschine immer mehr, sodass den Geschäftsführern schließlich das Geld ausging. Das merkten wir Mitarbeiter daran, dass das Gehalt plötzlich ein paar Tage später als üblich ausbezahlt wurde – bis es dann gar nicht mehr kam.

Angekündigt wurde das nicht, sondern wir bekamen das Geld einfach nicht überwiesen. Insgesamt erhielten wir über mehrere Monate keinen Lohn, wobei wir von Woche zu Woche vertröstet wurden. Es gab immer wieder leere Versprechungen, das war sehr nervenaufreibend. Dann hieß es, dass sich ein Investor gefunden hätte, der bald einsteigen würde. Dieses Geschäft kam jedoch nicht zustande, daraufhin wurden wir alle aus betrieblichen Gründen entlassen. Insgesamt war ich dort ein Jahr lang angestellt.

Die Firmenleitung arbeitete weiter mit Hochdruck daran, einen Investor zu finden. Wir sollten alle wieder eingestellt werden, um mit voller Kraft weiterzuarbeiten. Meine Kollegen und ich fühlten uns der Firma nach wie vor verbunden. Gleichzeitig warteten wir alle auf die fehlenden Gehälter, die immer wieder versprochen wurden. So wurde das Ganze zu einer unerquicklichen Hängepartie, die letztendlich länger als ein Jahr andauerte.

**Wie bist du mit dieser Situation umgegangen?**

Meine Kollegen und ich standen in engem Kontakt miteinander. Wir unterstützten uns gegenseitig, tauschten Infos aus und diskutierten, wie wir weiter vorgehen konnten. Hilfe bekam ich in dieser Zeit von meiner Familie, die jedoch auch immer genervter reagierte. Freundinnen hörten geduldig zu und ermutigten mich. Eine riet mir, die Firma wegen ausbleibender Gehaltszahlungen zu verklagen und dann komplett mit der Sache abzuschließen. Andere rieten mir davon ab. Und ich selbst konnte damals keine Entscheidung fällen.

Mich beschäftigen in dieser Zeit ständig Gedanken wie: Warum ist das Ganze schiefgegangen? Warum sind wir gescheitert? Wer hat Schuld? Was ist meine Verantwortung? Hat die Firma eine Zukunft, habe ich eine Zukunft bei dieser Firma? Wie loyal bin ich? Das Kopfkino nahm mich sehr gefangen und hemmte mich total. Auch körperlich ging es mir nicht gut. Ich schlief monatelang schlecht, war gereizt und meine Schultern und der Nacken waren ständig verspannt.

Emotional gesehen war ich einfach nur enttäuscht, fassungslos und wütend. Die Geschäftsführer verbreiteten derweil weiter Optimismus.

Uns wurde suggeriert, dass die Probleme nicht so gravierend und lösbar seien, die Gehaltszahlungen unmittelbar bevorstünden und viele Leute an dem Projekt interessiert wären. In der Realität traten aber alle Ankündigungen nicht ein. Diese Gemengelage erzeugte eine große Unsicherheit, die mir nervlich sehr zusetzte.

**Was hinderte dich daran loszulassen und was half dann am Ende?**

Da kam vieles zusammen: das anhaltende Warten auf die Gehaltszahlungen, die wiederholten Mitteilungen der Geschäftsführer, dass die Arbeit weitergehen würde, sobald ein Investor gefunden wäre, die Aussicht, bei der Firma bleiben zu können. Und gleichzeitig sah ich für mich keine Alternative, ich hatte doch meinen Traumjob gefunden. Der Wiedereinstieg in die alte Firma wäre der einfachste und naheliegendste Weg, wenn es denn funktionieren würde.

Doch was ich keinesfalls wollte, war eine Verlängerung des inzwischen zwei Jahre andauernden Dramas. Das hat mich sehr viel Zeit, Kraft und Nerven gekostet. Ich wollte das nicht noch einmal erleben! Das Vertrauensverhältnis zu den Geschäftsführern war stark beschädigt. Zudem zweifelte ich mittlerweile an dem Erfolg des Projekts. Und so kam ich nicht drum herum, mich zu fragen, wie es mit mir beruflich weitergehen sollte. Meine Kinder waren erwachsen und gingen ihre eigenen Wege. Ich fühlte mich ausgefüllt durch meine Ehrenämter, die einerseits sinnstiftend waren, andererseits nur wenig Geld brachten. Die Frage war also, ob ich wieder voll in den Beruf einsteigen sollte oder ein wenig nebenher arbeiten, um etwas Geld zu verdienen.

**Wie ging es mit dir und dem Unternehmen weiter?**

Ich fing an, mich um eine sichere Arbeit in einem etablierten Unternehmen zu bemühen. Allerdings war ich nicht sicher, ob der aktuell gute Arbeitsmarkt für Biologen auch für mich – 55 Jahre, Wiedereinsteigerin nach mehr als zehn Jahren Familienphase – Chancen zu bieten hätte. Letztendlich kam doch noch Bewegung in die verfahrene Situation. Durch den Verkauf von Immobilien verfügte die alte Firma kurzzeitig über eine gewisse Liquidität. Nun schien auch eine Klage aussichtsreich zu sein. Und die reichte ich dann auch ein – wenige Tage bevor das lange versprochene Geld tatsächlich auf mein Konto einging. Ich hatte den Ankündigungen einfach keinen Glauben mehr schenken können. Nach weiteren Gesprächen mit der Firmenleitung reifte in mir mehr und mehr der Entschluss, Abstand zu nehmen und nach Alternativen zu suchen. Ich fand keinen adäquaten Vollzeitjob in meiner Branche, nahm jedoch einige Wochen später eine Nebentätigkeit auf, die sich gut mit meinen anderen Lebensbereichen vereinbaren lässt.

**Mein Slogan lautet: „Ich wurde gefeuert – zum Glück." Was ist dein Glück?**

Ich bin auf jeden Fall um einige Erfahrungen reicher und durfte viel dazulernen! Es war toll, noch einmal in meinem Beruf zu arbeiten und eigenes Geld zu verdienen. Ich fühlte mich wieder als Teil des Systems und genau das ist vorteilhaft bei meinen Bewerbungen. Zudem hat sich mein Selbstbewusstsein verbessert: Ich habe den Neustart einmal geschafft und kann das wieder schaffen – das ist ein sehr gutes Gefühl!

# Heike Z.: Job futsch nach Zwangsversetzung und Krankheit

**Geburtsjahr: 1968**
**Jahr der Kündigung: 2014**
**Dauer der Betriebszugehörigkeit: 18 Jahre**
**Kündigungsgrund: bis heute nicht bekannt**
**Erster Gesprächstermin: November 2018**
**Letzter Gesprächstermin: Juni 2020**

*18 Jahre arbeitete Heike Z. in ihrem Hauptberuf als Projektmanagerin in Teilzeit bei einem Spielwarenhersteller. Insgesamt waren 20 Leute in ihrem Team, das sehr harmonisch zusammenarbeitete. Mit dem Chef verstand sie sich immer gut.*

**Erzähl mal: Was ist passiert?**

Eines Morgens bat mich mein Chef gleich als Erstes um ein Gespräch. Relativ schnell kam die überraschende Ansage, dass in einer anderen Produktsparte Land unter sei. Sie bräuchten da jemanden, hätten hin und her überlegt, wen sie einsetzen sollten. Die Wahl war auf mich gefallen. Für die neue Position war Elektronikwissen gefragt. Damit hatte ich jedoch gar nichts am Hut. Das kommunizierte ich auch entsprechend. Eigentlich hätte eine andere Kollegin in diesen Bereich versetzt werden sollen, aber das war aus privaten Gründen schwierig und somit keine Option.

Irgendwann fragte ich, ob ich überhaupt die Möglichkeit hätte abzulehnen, was mein Chef verneinte. Wenn es nach ihm gegangen wäre, hätte ich schon eine Woche später dort anfangen sollen. Das ging mir aber doch alles zu schnell. Ich musste das erst mal sacken lassen und erzählte meinen Teamkollegen davon. Alle waren total perplex. Eine Mitarbeiterin brach in Tränen aus, sie war völlig schockiert. Ich selbst versuchte, innerlich in die Haltung zu kommen, dass der Wechsel vielleicht für irgendwas gut sein könnte. Vielleicht würde mir die neue Aufgabe ja mehr Spaß machen, als ich dachte. Nach zwei Wochen Urlaub kam ich dann in die neue Abteilung.

**Wie ist es dir denn nach dem Wechsel in das veränderte Umfeld ergangen?**

Es war schrecklich. In der neuen Funktion stellte ich keine Produkte mehr her, was ja vorher mein Aufgabengebiet gewesen war. Stattdessen sollte ich für drei ausländische Töchter die Adaptionen machen. Also versuchte ich, mit den Mitarbeitern an den anderen Standorten zu kommunizieren. Das fiel mir sehr schwer, zumal mein Englisch nicht fließend war. Außerdem sollte ich technische Programme nutzen, die ich überhaupt nicht verstand. Ich saß vor zwei Bildschirmen, auf denen ich irgendwelche Sachen herumschieben musste, wie alle anderen mit Kopfhörern auf den Ohren. Meine neuen Kollegen waren alle überlastet mit Hunderten von Überstunden pro Kopf und Jahr. Keiner hatte Zeit, mich einzuarbeiten.

Ich fasste mir ein Herz und machte noch mal einen Termin mit meinem Chef aus. Dabei teilte ich ihm mit, dass ich mich schwertun und keine vernünftige Einarbeitung bekommen würde. Er meinte nur, dass eine andere Kollegin das doch auch geschafft hätte. Die war allerdings Mitte 20 und arbeitete zehn bis zwölf Stunden am Tag. Ich dagegen hatte eine Halbtagsstelle.

Letztendlich kam ich auf keinen grünen Zweig. Sechs bis acht Wochen später ging es nicht mehr, ich fuhr weinend nach Hause. Die neue berufliche Situation schlug mir auf den Magen. Außerdem konnte ich nicht mehr schlafen, mir war schlecht und ich hatte Angst. Schon einmal hatte ich Depressionen gehabt und dachte jetzt, wenn ich so weitermachte, wäre es bald wieder so weit. Meine Hausärztin schrieb mich schließlich krank.

Mir war klar, dass ich etwas ändern musste. Vom Betriebsrat kam keine Unterstützung, keiner hat sich für mich eingesetzt. Ich war allein auf weiter Flur. Zwischendurch telefonierte ich immer wieder mit meinem Chef. Er wies mich darauf hin, dass ich gerne wieder zurückkommen könnte, aber ich müsste wieder an den neuen Arbeitsplatz. Das ging für mich nicht, dort war ich doch gescheitert und wusste, dass ich die Aufgaben nicht bewältigen konnte.

**Wie lange warst du krankgeschrieben?**

Insgesamt fünf Monate. Ich saß zu Hause herum und wusste, dass ich gerne wieder arbeiten wollte. Doch wenn ich an meinen Arbeitsplatz dachte, fühlte ich mich wie in einer Sackgasse. Ich wollte wieder ins Unternehmen, aber ich wollte nicht tun, was ich nicht konnte.

**Wie kam es dann zum Aufhebungsvertrag?**

Bewegung kam in die Sache, als der Betriebsarzt vorschlug, es sollte ein Gespräch mit meinem Chef und dem Betriebsrat darüber geben, wie es mit mir weitergehen könne. Der Betriebsarzt erklärte sich auch bereit, an dem Gespräch teilzunehmen, weil er aus anderen Gesprächen mitgenommen hatte, dass ich mir von der Betriebsrätin nicht viel zu erhoffen brauchte. Dann erklärte er mir, wie das Gespräch ablaufen würde. Ich sollte mich gut darauf vorbereiten, denn ich müsste mich verteidigen. Das traute ich mir in dem Moment nicht zu, hatte Angst, bei dem Termin in Tränen auszubrechen, und sagte ab.

Daraufhin kam es zu einem Treffen mit meinem Chef und dem Personaler der Firma, um einen Aufhebungsvertrag zu verhandeln. Angenehm war es den beiden offensichtlich nicht. Bei dem Treffen war ich relativ ruhig. Sie meinten: „Aber wir haben doch einen Job für Sie." Doch wie ich mir die Inhalte und das nötige Wissen dafür aneignen sollte, konnten sie mir auf meine Rückfrage hin auch nicht sagen. Es gäbe doch bestimmt Fortbildungen, meinten sie. Aber welche, das wussten sie auch nicht. Anfangs wollte die Firma mir keine Abfindung zahlen, weil – das betonten sie immer wieder – ich ja einen Job bei ihnen hätte, den ich aber eben nicht wollen würde. Am Ende einigten wir uns dann auf eine Mini-Abfindung, die angesichts meiner fast 20-jährigen Zugehörigkeit zum Unternehmen in keinster Weise angemessen war. Aber ich wollte endlich meine Ruhe haben und mich auf meine Zukunft konzentrieren.

**Warum bist du nicht vors Arbeitsgericht gegangen?**

Im Privaten hat uns im gleichen Jahr eine Eigenbedarfskündigung getroffen. Das war mein 16. Umzug. Wir mussten raus aus unserer Wohnung, hatten aber noch nichts Neues gefunden. Unsere Vermieterin hatte schon einen Anwalt eingeschaltet. In dem Moment merkte ich, dass ich nicht noch eine weitere Baustelle aufmachen wollte. So ein Typ bin ich nicht. Da bin ich zu emotional und kann das, was passiert, nicht gut von mir fernhalten. Mein Anwalt, von dem ich mich beraten ließ, meinte auch, dass das sehr unangenehm werden könnte. In der Kleinstadt, in der ich lebe, läuft man sich möglicherweise auch noch dauernd über den Weg. Eine Klage vor dem Arbeitsgericht kam also für mich nicht infrage.

**Hast du dich von deinen Kollegen verabschieden können?**

Zuerst war mir der Gedanke sehr unangenehm, noch einmal das Unternehmen zu betreten. Ich war ja krankgeschrieben und schämte mich zudem, weil ein Teil von mir dachte, ich hätte versagt. Doch nach einigen Überlegungen wurde mir klar, dass ich erhobenen Hauptes gehen wollte. Und das, was für mich gut gewesen war, mitnehmen. Deshalb wollte ich eine Abschiedsfeier machen, bei der ich mich offiziell von den vielen Menschen, mit denen ich in den 18 Jahren gut zusammengearbeitet hatte, zu verabschieden. Ich organisierte ein kleines Buffet, ließ vorab per E-Mail einladen und es kamen 50 bis 60 Leute. Ich hielt auch eine kleine Rede. Da war viel Wertschätzung drin für das, was ich gelernt hatte, ich erwähnte, was schön für mich gewesen war und dass ich gerne unter anderen Umständen gegangen wäre. Ich wollte mitnehmen, was mir gutgetan hatte und woran ich gewachsen war.

Zum Schluss erhielt ich ein sehr schönes Abschiedsgeschenk. Noch Tage später meldeten sich viele ehemalige Kollegen bei mir und brachten ihre Wertschätzung zum Ausdruck. Und dass ihnen meine Rede sehr nahe gegangen sei. Mein direkter Chef erschien ebenfalls und sagte ein paar Worte. Man merkte, wie unangenehm ihm die Situation war und wie schwer ihm das fiel. Aber ich fand es schön, dass er den Mut hatte, sich der Situation zu stellen. Wer nicht kam, war unser Geschäftsführer. Der hatte auch nicht auf die Einladung geantwortet, was ich völlig daneben fand.

**Was hat dir diese Form des Abschieds gebracht?**

Ich wollte nicht in einer Negativspirale hängen bleiben und mich ständig schlecht fühlen. Mir war es wichtig, die ganzen 18 Jahre zu betrachten und auch meine Leistungen während dieser Zeit zu würdigen. Durch den offiziellen Abschied konnte ich am Ende erhobenen Hauptes gehen. Und ich merke, dass es mir nicht schwerfällt, wenn ich jemandem auf der Straße begegne, der etwas mit der alten Arbeit zu tun hat. Wenn ich einfach so gegangen wäre, hätte das für mich einen faden Beigeschmack gehabt.

**War die Versetzung eine Strategie, um dich loszuwerden?**

Bis heute weiß ich nicht, ob die Firma mich einfach loswerden wollte, um Personal abzubauen. Manchmal glaube ich das schon. Im Nachhinein erfuhr ich, dass es in den Personalakten Notizen über Personalgespräche gab. Festgehalten wurde, wie kooperativ jemand ist. Weil ich mir ein anderes Standbein aufbauen wollte, machte ich nicht so viele Überstunden wie andere. Von daher kann ich mir schon vorstellen, dass ich nicht so beliebt war, obwohl mein Chef mich persönlich mochte und ich im Haus sehr geschätzt wurde. Bis heute kenne ich den wahren Kündigungsgrund nicht, das macht mir manchmal richtig zu schaffen.

**Wie bist du dann zu deinem neuen Job gekommen?**

Ich hatte neben der Teilzeitstelle immer wieder als freie Therapeutin in einer Klinik gearbeitet. Nach einigem Hin und Her konnte ich dort glücklicherweise in Festanstellung anfangen und bin heute sehr glücklich mit dieser neuen Aufgabe.

**Wie sah deine Bewältigungsstrategie in der Krisenzeit aus?**

Ich habe viel meditiert, war spazieren und habe versucht, innerlich zur Ruhe zu kommen. Dabei sagte ich mir immer wieder, dass es jetzt einfach richtig so ist, wie es ist. Immer wieder ließ ich innerlich los, das Richtige würde von selbst kommen und passieren. Mir fehlte schon lange die Wertschätzung im Unternehmen und ich wollte gerne noch mal etwas Neues machen, nicht bis zur Rente immer das Gleiche. Natürlich war das eine wahnsinnige Achterbahnfahrt. Wir denken, wenn wir innehalten, ist auch immer gleich die Lösung da, aber es ist ähnlich wie bei der Trauer, wir gehen durch bestimmte Phasen.

Natürlich gab es auch Phasen, in denen ich total sauer war und traurig, weil die Unterstützung fehlte. Dann dachte ich mir, das ist unverschämt, was die mit mir machen. Ich war enttäuscht von meinen Kollegen. Die hätten sich ja auch mal für mich einsetzen können. Und ich war enttäuscht vom Betriebsrat, von dem so wenig kam – und wenn, brachte er zehn Argumente, warum er in dem Fall nicht tätig werden kann. Am Anfang dachte ich, das kann doch alles gar nicht sein. Es muss doch die und die und die Möglichkeit geben. Das Gefühl der Ohnmacht war manchmal schwer auszuhalten.

**Wie lang hat es gedauert, bis du das Ganze wirklich verdauen konntest?**

Zwei bis drei Monate. Das war insgesamt eine sehr heftige Erfahrung. Es gab da einen Moment, den vergesse ich mein ganzes Leben nicht mehr. Wie ich morgens ins Büro kam und merkte, es gibt keinen Ausweg mehr. Ich muss jetzt das machen, was die von mir wollen. Ich war zwar lange hier und die mochten mich, aber ja, dieses Gespräch hatte sich bei mir richtig eingebrannt. Und die Aussage: „Nein, Sie haben keine Wahl." Zu verdauen, dass ich so behandelt wurde, hat lange gedauert. Dass das nicht als Wunsch oder Bitte an mich gerichtet war: „Wir sind in Not, können Sie aushelfen?" Da hätte ich doch gesagt: „Okay, ich versuche es mal." Aber mich zu zwingen, das hat mir schon einen harten Stoß versetzt.

**Was nimmst du mit aus der Geschichte?**

Im Grunde wusste ein Teil von mir, dass ich eigentlich längst hätte gehen sollen. Vielleicht war das ja auch einfach der Schubs, den ich brauchte. Mir half die Grundhaltung, dass ich etwas Gutes aus der Misere machen wollte, dass sich alles fügen würde. Das hat mir Kraft gegeben – und so würde ich es auch immer wieder machen. Wenn ich mir vorstelle, dass die schwierige Zeit nicht meiner persönlichen Entwicklung gedient hätte, wäre es mir sicher schwerer gefallen, das Ganze zu verarbeiten.

**Was würdest du anderen raten, die in eine solche Situation kommen?**

Erstmal durchatmen und alles sacken lassen. Und dann im nächsten Schritt auf die Metaebene gehen und hinterfragen, was gerade geschieht und mit einem passiert. Was ist der Sinn darin? Wie sieht meine Lebensvision aus? Wichtig finde ich auch, sich Unterstützung zu holen, zu reden, alles durchzusprechen und sich austauschen. Ansonsten gilt: einen Schritt nach dem anderen machen, sich selbst treu bleiben, sich nicht von der Angst leiten lassen und darauf vertrauen, dass es gut weitergeht.

**Mein Slogan lautet: „Ich wurde gefeuert – zum Glück." Was ist dein Glück?**

Mein Glück ist, dass ich mich immer getragen wusste in dieser Zeit. Dass ich jetzt einen Beruf habe, den ich liebe und als meine Berufung ansehe. Und dass ich ohne Groll auf meine berufliche Vergangenheit zurückschauen kann.

# Anton B.: Frust am Arbeitsplatz – die Folge: innere Kündigung

Geburtsjahr: 1968
Jahr der Kündigung: 2018
Dauer der Betriebszugehörigkeit: zwei Jahre
Kündigungsgrund: Befristung
Erster Gesprächstermin: Dezember 2015
Letzter Gesprächstermin: Februar 2019

*Als Anton B. einen Zweijahresvertrag unterzeichnete, wusste er noch nicht, was auf ihn zukommen würde. Er freute sich auf seine neue Aufgabe im Vertriebsinnendienst und identifizierte sich mit den Produkten, die das Unternehmen vertrieb. Nach wenigen Monaten war seine anfängliche Euphorie jedoch verflogen. Seine Motivation sank in den Keller und seine Arbeitslust verwandelte sich schnell in Frust. Das Unheil nahm seinen Lauf, der Job wurde zur Qual.*

**Was ist passiert?**

Ich fand das Arbeitsklima und das Führungsverhalten der Vorgesetzten fürchterlich. Schon nach einem Jahr wusste ich, dass ich nicht bei der Firma bleiben wollte. Ab dem Zeitpunkt schaltete ich auf Durchhalten und begann, mich zu bewerben. Ich hoffte, in der verbleibenden Zeit einen neuen Job zu finden. Für mich war klar, dass ich selbst bei drohender Arbeitslosigkeit meinen Vertrag nicht verlängern würde, allerhöchstens für das doppelte Gehalt – als Schmerzensgeld. Zum Glück habe ich jetzt, ein Jahr nach Vertragsende, eine neue Arbeitsstelle in einer spannenden Firma in meiner Lieblingsbranche gefunden.

## Warum war das Arbeitsklima schlecht?

Die Mitarbeiter waren Erfüllungsgehilfen, es fand keine nach vorne gerichtete Kommunikation statt. Die Geschäftsleitung war nicht daran interessiert, Abläufe und Prozesse zu optimieren. Gegenseitige Schuldzuweisungen und Misstrauen prägten die Atmosphäre, Verantwortlichkeiten wurden hin und her geschoben. Es gab weder Lob noch Wertschätzung. Denunzierungen sowie Kumpanei durch direkte persönliche Seilschaften wurden gefördert.

## Wie führte der Eigentümer das Unternehmen?

Im Grunde genommen genauso. Wenn er einen guten Tag hatte, versuchte er mit aufgeschnappten Floskeln eine mitarbeiternahe Führung zu vermitteln. Aber im Grunde genommen waren ihm die Mitarbeiter als Menschen egal.

## Warum wurde dein Vertrag nicht verlängert?

Der auf zwei Jahre befristete Vertrag lief aus. Ich machte in den letzten Monaten keine Anstalten, den Vertrag verlängern zu wollen, weil ich nicht daran glaubte, dass sich das Betriebsklima verbessern würde. Ich war demotiviert. Mein Arbeitgeber zeigte auch kein Interesse, das Arbeitsverhältnis fortzuführen.

## Wie gingen die Kündigung und das Trennungsgespräch vor sich?

Ich erfuhr im Jahresgespräch, dass der Vertrag nicht verlängert werden würde. Dieses Mitarbeitergespräch mit der Firmenleitung verlief überraschenderweise sehr offen. Ich konnte dem Geschäftsführer und Eigentümer der Firma ohne Umschweife sagen, was ich für verbesserungswürdig hielt und warum ich die Arbeit mitunter als Qual empfand. So erklärte ich, dass ich häufig versucht hatte, über meinen direkten Vorgesetzten Vorschläge in Bezug auf Ziele, Strategien und

Ähnliches einzubringen. Und ich kritisierte, dass ich sogar von ihm als Inhaber keine Rückmeldung auf Fragen oder zu Ideen bekommen hatte. Er lenkte hier und da ein und bestätigte Defizite bei der Führung.

**Wie war die Beziehung zu deinem direkten Vorgesetzten?**

Das ist nicht einfach zu beantworten. Er wurde grundsätzlich vom Geschäftsführer kritisiert und bekam bei Problemen, die struktureller Natur waren, keine Rückendeckung. Außerdem musste er die Unzulänglichkeiten der Firma bei Kontakten mit unzufriedenen Kunden abfedern. Mir gegenüber verhielt er sich mal so und mal so, je nach Laune. Wenn ich als motivierter Mitarbeiter Vorschläge machte, zeigte er kein Interesse. Er ging nicht auf die Inhalte ein und verwies darauf, dass das Tagwerk zu erledigen sei. Ich fühlte mich ihm ausgeliefert, war noch in der Probezeit, darüber hinaus sowieso nur für zwei Jahre befristet eingestellt. Ich sah für mich keine Chance, mich ernsthaft zu wehren. Jede sachliche Auseinandersetzung war zwecklos. Aber im Prinzip – das zeigt mir die Tatsache, dass ich wieder einen Job gefunden habe – hätte ich mir das gar nicht so lange bieten lassen sollen.

**Wie bist du mit der Situation umgegangen?**

Augen zu und durch – wohlwissend, dass nach zwei Jahren wieder Schluss sein würde. Ich habe einfach hingenommen, was passierte, oder je nach Laune und Schärfe dagegen argumentiert.

**Was würdest du anderen in einer solchen Situation raten?**

Wer in ein derart unangenehmes Betriebsklima mit ständigen gegenseitigen Schuldzuweisungen kommt, sollte sich sofort einen neuen Job suchen – ohne Wenn und Aber.

**Wie hast du dich nach dem Austritt aus der Firma gefühlt und wie hast du das Ganze verdaut?**

Ich war erleichtert und glücklich, dass ich nicht mehr dorthin musste. Das, was ich erlebt hatte, wirkte nach. Ich glaubte recht bald, damit fertig zu sein. Aber das stimmte nicht. Groll und Ärger kehrten immer wieder mal zurück. Auf die Beine kam ich ganz einfach, indem ich mich um einen neuen Job bemühte.

**Wie ging es mit dir nach dem Jobende weiter?**

Vom Abschlussgespräch bis zum letzten offiziellen Arbeitstag hatte ich frei. Ich nahm meinen Resturlaub und Elternzeit. Da ging es erst mal gut weiter. Phasenweise auch sehr gut. Ich nutzte die freie Zeit positiv, um nach für mich interessanten Firmen zu suchen, Ballast aus dem Keller über Ebay in Geld umzumünzen, Sport zu machen, Musik zu hören und in meiner Freizeit auch aufzulegen. Ich verbrachte zudem sehr viel Zeit mit unserem Sohn. Insofern kann ich sagen, dass der Bruch zu einer guten Zeit kam.

Irgendwann ging es dann aber schlecht weiter. Dieser Zustand verschärfte sich, als es Absagen hagelte und sich keine neuen Perspektiven auftaten. Ich begann mich nach Weiterbildungen umzuschauen und war mit den zahlreichen Angeboten irgendwann überfordert.

**Du bist dann in eine echte Krise geraten. Wie kam das?**

Auslöser war, dass ich irgendwann nicht mehr wusste, welchen Weg ich gehen sollte. Weiter nach dem Job suchen, der mich inhaltlich glücklich macht? Das hätte auch bedeuten können, eine sinnstiftende Branche zu finden oder den Beruf komplett zu wechseln, etwa mit einer Umschulung. Oder sich damit abfinden, dass man mit 50 nicht mehr so gefragt ist und sich einen Nine-to-five-Job suchen, der einem die nötige Ruhe lässt? Oder doch selbstständig machen und es sich noch mal beweisen? Meine Gedanken drehten sich im Kreis. Ich fand die richtigen Antworten auf meine Fragen nicht.

**Was hat dir da herausgeholfen?**

Mit Sicherheit der Entschluss, eine Weiterbildung zu starten, die mich für acht Wochen mit einem Thema verband. Das hatte nicht nur mit meinem alten und vielleicht neuen Job zu tun, sondern auch damit, dass ich mir wieder Feedback einholen konnte und meinen momentanen geistigen Zustand auffrischte.

**Wie erging es dir auf der Suche nach dem neuen Job?**

Ich schrieb mehr als 50 Bewerbungen und wurde zu neun Interviews eingeladen. Rückblickend betrachtet hätte ich auch gerne für zwei oder drei andere Firmen gearbeitet. Ich bedauerte nach einer Absage kurzzeitig immer, wenn etwas nicht klappte, konnte dann jedoch immer wieder die Motivation aufbringen weiterzusuchen. Die Vorstellungsgespräche waren in der Qualität sehr unterschiedlich. Es gab professionell geführte, sehr authentische und eben auch welche, bei denen sich der Geschäftsführer am liebsten selbst reden hörte.

**Was ist für Menschen mit 50 plus bei der Jobsuche anders?**

Ich glaube, die meisten Firmen möchten doch jüngere Menschen einstellen. Man kann ihnen weniger Geld anbieten und sie sind auch noch formbarer. Es ist nicht so, dass ein Unternehmen, das auf Erfahrung setzt oder setzen möchte, bereit ist, mehr Lohn zu zahlen.

**Wie hast du deine neue Arbeitsstelle gefunden?**

Meine neue Aufgabe – Aufbau eines Vertriebsinnendienstes – habe ich über Internetrecherche gefunden. Es gab zwei Telefonate mit dem Standortleiter, der mich abwimmeln wollte, weil ich überqualifiziert sei. Beim Vorstellungsgespräch sagte er nach 15 Minuten: „Lassen wir mal dieses Vorstellungsgeplänkel. Ich möchte Sie für mein Team."

**Was ist anders im Vergleich zur alten Firma?**

Ich fühle mich jetzt schon bestätigt und schaue positiv in die Zukunft. Jetzt, nach drei Wochen, kann ich sagen, dass viel mehr mit Vertrauen und Lob gearbeitet wird. Zudem habe ich den Eindruck, dass der Geschäftsführer führt, zuhört und lenkt.

**Mein Slogan lautet: „Ich wurde gefeuert – zum Glück!" Was ist dein Glück?**

Es war richtig und gut so, dass der Vertrag bei der alten Firma zum Ende gekommen ist. Mein Glück ist, dass ich heute bei meinem neuen Arbeitgeber zu 100 Prozent auf mein Bauchgefühl höre.

# Kapitel 4: Der Chef – Führung Fehlanzeige

Mitarbeiter verlassen Unternehmen auch häufig, weil das Arbeitsumfeld vergiftet ist und die Chemie zwischen ihnen und der Chefetage einfach nicht mehr stimmt. Entweder ziehen sie selbst die Reißleine oder der Arbeitgeber macht den entscheidenden Schritt. Oft wird ein fadenscheiniger Vorwand genannt, die wahren Gründe bleiben verborgen. Manchmal schwelt ein Konflikt auch schon länger unter der Oberfläche und schaukelt sich dann hoch, bis es zum Eklat kommt. Wie kann es dazu kommen?

Führungskräfte sind oft fachlich gut, aber sie erfüllen ihre Führungsfunktion nicht. Sie versagen in schwierigen Mitarbeitergesprächen, vor allem bei Kündigungen, ohne dass dies irgendwelche Konsequenzen nach sich zieht.[20] Doch tatsächlich wäre klare und wertschätzende Kommunikation von oben der Schlüssel. Einer der Hauptgründe dafür, dass Arbeitsverhältnisse ungut enden, ist Führungsschwäche. Das will die Chefetage aber nicht gerne zugeben. Häufig übernehmen Vorgesetzte einfach keine Verantwortung für ihr Handeln. Sie entziehen sich den Problemen, indem sie sie ignorieren oder Entscheidungen delegieren. So manche Kündigung ließe sich durch gutes Miteinander vermeiden. Voraussetzung dafür ist jedoch die Bereitschaft, sich an einen Tisch zu setzen und zu reden.[21]

Die Qualität der Kommunikation und allgemein der Umgang miteinander haben sich in den letzten zehn Jahren dramatisch verschlechtert. Es herrschen Distanz, Anonymität und Kälte.[22] Konflikte werden nicht

---

[20] Gabriele Euchner: Mit dem Fußtritt aus der Chefetage. Gekündigte Spitzenmanager berichten. Freiburg, 2013, Seite 141

[21] Stefan Schulik: Wahre Kündigungsgründe von Arbeitgebern (Teil 2) – Podcast Folge #029, https://schulik-management.de/wahre-kuendigungsgruende-arbeitgeber-podcast, letzter Abruf am 13.8.2020

[22] Euchner, Seite 11

offen angesprochen, sondern eher vermieden. Es mangelt häufig an klarer und direkter Information im Vorfeld.

Auch eine konstruktive Feedbackkultur fehlt häufig, obwohl sie ein sehr wichtiges Führungsinstrument ist. Offenes und wertschätzendes Feedback kommt oft gar nicht vor. Viele Führungskräfte wollen sich nicht mit den Problemen ihrer Mitarbeiter auseinandersetzen oder nehmen sich keine Zeit für sie. Weder hören sie zu, noch fördern sie ihre Angestellten. Kommunikationsfehler passieren aber nicht nur von oben nach unten.

Umgekehrt erhalten Manager von ihrem Umfeld ebenfalls kein ehrliches Feedback, vor allem wenn Abhängigkeitsverhältnisse bestehen. Schonungslose Offenheit könnte sich ja negativ auswirken und der Karriere schaden, vielleicht sogar eine Kündigung nach sich ziehen. Davor scheuen die meisten Untergebenen zurück. Doch ganz ohne Rückmeldungen, auch sehr kritische, laufen Manager Gefahr, sich selbst zu überschätzen.[23] Die Erkenntnis daraus: Eine transparente und offene Kultur des Vertrauens in beide Richtungen wäre von unschätzbarem Wert.

Und hier kommt ein weiterer Aspekt von Führung ins Spiel: Mitarbeiter wollen Respekt, Anerkennung für Geleistetes, gemeinsame Ziele anstreben, an einem Strang ziehen, sich wohlfühlen. Was zählt, ist der menschliche Umgang, geprägt von dem Wunsch nach Augenhöhe, Wertschätzung, Lob und Unterstützung. Laut Führungsbarometer des Forsa Instituts trauen nur 41 Prozent der befragten Personaler aus Deutschland den Führungskräften ihres Unternehmens zu, die individuellen Motivationsbedürfnisse von Mitarbeitern zu erkennen und positiv zu nutzen.[24]Auf der anderen Seite machen 71 Prozent der Mitarbeiter Dienst nach Vorschrift und 14 Prozent haben bereits innerlich

---

[23] Sebastian Debnar-Daumler, Marcus Heidbrink, Julian Brands, Claus Verfürth: Top-Manager in beruflichen Umbruchphasen. Wie der Umbruch erlebt wird und die Neuausrichtung gelingt, Wiesbaden 2016, Seite 5

[24] Penning Consulting & Forsa: Führungsbarometer Teil 4: Führung, https://www.presseportal.de/pm/102324/3981706 vom 27.6.2018, letzter Abruf am 24.9.2020

gekündigt.[25] Ein wesentlicher Grund für eine mangelnde Motivation ist in den meisten Fällen der Vorgesetzte.

## Narzissten in der Chefetage: Mobbing und Bossing

Zusätzlich zu äußeren Faktoren wie Pleiten, Einsparungen, Standort-verlagerungen oder Führungsschwäche passieren auch Dinge, die Mit-arbeiter derart in Mitleidenschaft ziehen, dass sie ihren Job nicht mehr ausüben können und im schlimmsten Fall sogar ernsthaft erkranken. Das läuft subtil und unterschwellig ab, zum Beispiel beim Mobbing, kann aber auch mit den Führungsstrukturen im Betrieb zu tun haben. So tummeln sich zum Beispiel in den obersten Etagen der Unterneh-men signifikant mehr narzisstische Persönlichkeiten, als im Verhältnis zur übrigen Bevölkerung zu erwarten wäre.[26]

Narzissten sind wahre Meister darin, andere zu umschmeicheln. Sie sind Blender, die mit den aberwitzigsten Ausreden und Lügen durch-kommen. Irgendwann aber bröckelt die Fassade. Sie leben ausschließ-lich von Anerkennung, die sie wie die Luft zum Atmen brauchen. Sol-che Personen sollten nicht freie Hand haben dürfen, denn sie handeln gewissenlos. Entweder kuscht das Umfeld oder Neinsager, Wissens- und Leistungsträger, die den Menschen mit narzisstischen Zügen ge-fährlich oder bedrohlich erscheinen, werden isoliert und stets über-wacht. Der Fokus liegt auf diejenigen, die entfernt werden sollen. Ge-zielte Propaganda, ständiger Informationsfluss, Lügen, Betrügen und das Verdrehen von Tatsachen sind die Mittel der Wahl. Kündigungen von Leistungsträgern genießen Narzissten besonders. Sie schaffen es sogar, die Vorgesetzten zu ihrem Werkzeug zu machen. Das Tragische ist: Die Unternehmensleitung erkennt oft zu spät, dass solche Leute

---

[25] Anja Engelke: „Unzufriedene Mitarbeiter – Fünf Millionen Deutsche haben innerlich gekündigt", Faz.net, 29.8.2018, https://www.faz.net/aktuell/karriere-hochschule/buero-co/merheit-der-arbeitnehmer-haben-innerlich-schon-gekuendigt-15753720.html, letzter Abruf am 24.9.2020

[26] Debnar-Daumler et al., Seite 5–7

langfristig mehr Schaden als Nutzen bringen. Dann erleidet die Firma große Verluste oder ist im schlimmsten Fall schon ruiniert.

In der Krise zeigt sich der wahre Charakter von Menschen. Und so gibt es immer wieder Vorgesetzte, die in schwierigen Situationen ihre Kinderstube vergessen und unanständiges Verhalten im Umgang mit ihren Mitarbeitern an den Tag legen. Das kommt besonders häufig vor, wenn es darum geht, jemanden loszuwerden. Da wird beleidigt, bedroht, nachgetreten, Rufschädigung betrieben, kaltschnäuziges statt sensibles Verhalten gezeigt, diskreditiert und dafür gesorgt, dass der andere sein Gesicht verliert. Ganz und gar fokussiert darauf, Ziele zu erreichen und Strategien umzusetzen, sind viele nicht mehr fähig, menschlich zu bleiben. Sie benehmen sich – wie sie es häufig von ihren Chefs vorgelebt bekommen – wie moderne Sklaventreiber.[27]

Das liegt auch daran, dass sich die meisten Führungskräfte in einer Sandwichposition befinden. Sie sitzen zwischen vielen Stühlen und sind mit diversen Erwartungen konfrontiert, die das Unternehmen, ihr Team und sie selbst an sich stellen. Diese Vorstellungen sind allerdings nicht immer miteinander vereinbar. Oft wird deshalb mit harten Bandagen gekämpft. Auseinandersetzungen werden meist nicht offen ausgetragen. Anstatt an einem Strang zu ziehen, fallen Chefs ihren Führungskräften in den Rücken, verhalten sich illoyal, übergehen ihre Mitarbeiter. Die zweite oder dritte Führungsebene verliert dadurch an Autorität und ihre Motivation.

Unter diesem Druck und dadurch, dass den Betreffenden häufig ein echter Austausch mit anderen über Führung an sich fehlt, macht sich moralisch verwerfliches Verhalten breit. Mitarbeiter werden nicht nur von oben gegängelt, gemobbt und diskriminiert, das Ganze wird auch noch stillschweigend in Kauf genommen und akzeptiert. Manchmal machen auch Kollegen mit, die so ihre eigenen Ängste und inneren Befindlichkeiten ausleben oder überspielen. Überprüft, was vor sich geht, wird kaum einmal, ein solches Vorgehen wird nur in den seltensten Fällen geahndet. Der Preis dafür ist hoch.

---

[27] Euchner, Seite 16

# Sebastian K.: Narzisst verschleißt sieben Mitarbeiter in einem Jahr

Geburtsjahr: 1990
Jahr der Kündigung: 2019
Dauer der Betriebszugehörigkeit: acht Monate
Kündigungsgrund: Unzufriedenheit des Chefs und Ablehnen des Angebots
einer anderen Position mit 25 Prozent weniger Gehalt
Erster Gesprächstermin: Dezember 2018
Letzter Gesprächstermin: Juni 2020

*Als Marketingmanager heuerte Sebastian K. in einer kleinen Firma mit sieben Mitarbeitern an, die Datenschutzmanagement-Software entwickelte und vertrieb. Die Firma war als Spin-off aus einer Digitalagentur hervorgegangen und stand nun als eigenständiges, inhabergeführtes Start-up da. Sebastian war jung, motiviert und lernwillig. Er entschied sich für diese Stelle, weil es ihn reizte, in dem IT-Start-up in kurzer Zeit viel zu lernen und sich weiterentwickeln zu können. Er freute sich schon auf seine neue berufliche Herausforderung.*

**Was war deine Aufgabe im Unternehmen?**

Ich war für sämtliche Online- und Offline-Marketingkampagnen des Unternehmens zuständig. Im Detail gehörten dazu das Konzipieren und Umsetzen von Broschüren, Flyern und Events, das Entwickeln und Gestalten von Marketingmaterialien sowie die Analyse und Optimierung von SEA-Kampagnen über Google AdWords. Zudem betreute ich die Social-Media-Profile auf LinkedIn und Twitter, plante und koordinierte die Geschäftsausstattung und Werbeartikel. Darüber hinaus gehörten die Kommunikation mit Kunden und Interessenten sowie das Newsletter-Marketing zu meinem Job.

**Wie ist es dir im Unternehmen ergangen?**

Schlecht. Das Einzige, was auf ein Start-up hindeutete, war die geringe Anzahl an Angestellten. Mir fiel allerdings die hohe Fluktuation auf. Als ich anfing, waren sieben Mitarbeiter im Unternehmen. Innerhalb von zwölf Monaten gab es sieben Kündigungen. Entweder gingen die Angestellten von selbst oder wurden gefeuert. Jetzt ist noch einer da. Mein Chef arbeitete bewusst mit nicht mehr als neun Mitarbeitern, um zu verhindern, dass das Kündigungsschutzgesetz griff. So konnte er jederzeit Mitarbeiter loswerden, wie er es wollte.

**Wie war dein Chef? Wie hast du im Alltag seinen Führungsstil wahrgenommen?**

Der Geschäftsführer entpuppte sich als ziemlich egoistischer Narzisst. Nach außen wahrte er den Schein: Er zeigte sich als lockerer, umgänglicher Typ. Leider ließ ich mich davon im Vorstellungsgespräch täuschen. Sein Verhalten den eigenen Mitarbeitern gegenüber war unterirdisch. Nach und nach fand ich heraus, dass er uns Mitarbeiter immer schön klein hielt und uns vor den Kollegen heruntermachte und denunzierte. Ständig nutzte er seine Machtposition aus. Mir saß täglich die Angst im Nacken wegen seiner ständigen Kontrollbesuche. Er misstraute uns Mitarbeitern, ließ uns nie freie Hand bei der Gestaltung und Ausführung unserer Tätigkeiten. Eigeninitiative war ungern gesehen, wir hatten schlicht Folge zu leisten. Kritik durfte nicht geäußert werden. Die Arbeitsatmosphäre war geprägt von totaler Überwachung durch durchgehende Kontrolle, so war zum Beispiel eine detaillierte Ticketprotokollierung im 15-Minuten-Takt über tägliche Aufgaben und Arbeitsergebnisse vorgegeben. Wir mussten sie jeden Abend anfertigen und abgeben. Das führte schnell zu Demotivation, das Vertrauen in die Unternehmensleitung schwand.

Kommunikation war schlichtweg nicht vorhanden. Da wir über konkrete Ziele nicht Bescheid wussten und im Vorfeld nichts abgestimmt wurde, mussten wir sozusagen erraten, was zu tun war. Gleichzeitig bekamen wir vorgehalten, was wir falsch gemacht hatten. Alles wurde kleingeredet und schlechtgemacht. Wir sollten unsere Aufgaben dann noch mal machen, bekamen dazu aber weder Verbesserungsvorschläge noch die gewünschte Richtungsänderung angesagt. Die einzige Anweisung, die wir bekamen, war: „Jetzt mach es halt geil!"

Auch von Führungskultur konnte keine Rede sein. Weder fand ansatzweise eine Einarbeitung statt, noch bekamen wir Hilfe, wenn wir danach fragten. Mein Chef erwartete jedoch von Anfang an, dass ich alles perfekt konnte, auch wenn ich in bestimmten Themenbereichen zum ersten Mal arbeitete.

Kein Wunder also, dass das Betriebsklima allgemein und vor allem gegenüber dem Chef sehr von Misstrauen geprägt war. Die Kollegen hielten meist zusammen: Geteiltes Leid war halbes Leid. Wir stärkten uns gegenseitig den Rücken und halfen uns durch schlechte Tage. Wir unterstützten uns und hatten ein offenes Ohr füreinander.

**Was hättest du dir von deinem Chef gewünscht?**

Meiner Meinung nach sollte ein Geschäftsführer lernen, sich selbst und sein Verhalten zu reflektieren. Gefehlt haben mir Empathie, Wertschätzung, ein menschlicherer Umgang, gezieltes Feedback, konstruktive Kritik und eine klare Erwartungshaltung. Wie soll ein Mitarbeiter sonst wissen, was er tun soll?

**Was ist passiert?**

Ich wurde nach acht Monaten gefeuert.

**Wie kam es dazu?**

Ständig musste ich mir als Mitarbeiter sarkastische und abwertende Kommentare anhören. Ansagen wie „Deine Texte sind einfach nur schlecht, mach das noch mal" oder „Da sieht man mal, wie unwichtig deine Rolle hier ist" waren stets von einem Grinsen oder Gelächter begleitet. Anfangs hatte ich das Gefühl, dass das witzig gemeint war. Mit der Zeit erkannte ich aber, wie dieser Mensch tickt. Hinter seinen Kommentaren verbarg sich stets eine ernst gemeinte Spitze. Nie fand ein wirkliches Gespräch zwischen meinem Chef und mir statt.

Eines Tages hatte er wieder einmal gemeckert und meine Texte bemängelt. Ich bat ihn erneut im ruhigen Ton um wirklich konstruktives Feedback. Ich wollte wissen, wie er sie denn gerne hätte, um sie entsprechend anpassen zu können. Nach einer minutenlangen sinnlosen Diskussion sagte ich ihm dann, dass mir konstruktives Feedback fehlt. Daraufhin war er sichtlich angesäuert. Aufgebracht, wie er war, meinte er, dass wir uns mal über mein Arbeitsverhältnis unterhalten sollten, da ich ja seine Führungsqualitäten infrage stellte. Ich sollte mir überlegen, ob ich mir eine Vertriebsrolle im Kundensupport vorstellen könne. Meine Antwort: „Ich kann das gerne mit übernehmen, aber meine Marketingaufgaben möchte ich behalten." Einige Tage später kam es zu einem weiteren Gespräch, in dem er mir mit der Kündigung drohte, sollte ich den Vertriebsjob für 12.000 Euro weniger Gehalt nicht annehmen.

Für meinen Chef gab es keine andere Option als die von ihm genannte. Er wollte sofort eine Entscheidung und drohte noch einmal mit einer ordentlichen Kündigung. Das ereignete sich am 30. September, deshalb konnte er mich mit einer einmonatigen Kündigungsfrist bereits vier Wochen später loswerden. Ich bat um ein paar Tage Bedenkzeit, die ich nicht bekam. Also lehnte ich ab – und wurde unmittelbar gekündigt. Ab dem folgenden Tag war ich dann krankgeschrieben bis zum Ausscheiden aus dem Unternehmen. Am Rande: Meine Nachfolgerin hat er dann für noch mal 2.000 Euro weniger eingestellt. Sie hat schon nach wenigen Monaten selbst gekündigt und sich über die gleiche schlechte Behandlung beschwert.

**Wie hast du reagiert?**

Ich war total vor den Kopf gestoßen. Natürlich hatte ich nicht damit gerechnet, in dem Gespräch direkt gekündigt zu werden. In dem Moment konnte ich nicht wirklich klar denken. Eigentlich hatte ich ja sowieso das Unternehmen seit Monaten verlassen wollen und mich schon nach einer neuen Stelle umgesehen. Andererseits wollte ich natürlich nicht auf der Straße sitzen.

**Was war die stärkste Emotion im Moment der Kündigung?**

Erst Hilflosigkeit und Ratlosigkeit, direkt danach Wut und totales Unverständnis. Ich konnte das Verhalten meines Vorgesetzten nicht nachvollziehen. Von ihm hätte ich mir ein ernsthaftes Feedbackgespräch gewünscht, in dem ich erfahre, was nicht passt und wie ich es verbessern könnte.

**Wie hat das Umfeld auf die plötzliche Kündigung reagiert?**

Ich habe viel Zuspruch bekommen. Sofort nach dem Gespräch rief ich meine Schwester an, sie steht mir generell bei vielen Dingen mit Rat und Tat zur Seite. Auch mit meinem ehemaligen Kollegen, der erst einen Monat zuvor das Unternehmen verlassen hatte, sprach ich. Beide meinten, dass ich froh über das Ende sein sollte. Sie ermutigten mich, positiv in die Zukunft zu blicken. Meine Eltern waren ebenfalls über den unwürdigen und dreisten Umgang erschüttert.

**Wer wendete sich von dir ab? Wer förderte dich?**

Abgewendet hat sich keiner. Einige Freunde dachten an mich, wenn sie mitbekamen, dass in ihrem Umfeld eine Stelle frei war. Sie kamen dann auf mich zu und fragten mich, ob die Position passen könnte.

**Wie bist du mit der Gesamtsituation umgegangen?**

Grundsätzlich bin ich ein positiver Mensch und verfüge über eine gute Portion Resilienz. Ich habe viel über das Geschehen reflektiert und konnte bereits wenige Tage nach der Kündigung aufatmen. Letztendlich war ich froh und erleichtert, dass ich nicht mehr dort arbeiten musste. Mein Schlaf verbesserte sich wesentlich im Vergleich zu vorher. Schnell blickte ich positiv und mit neuem Elan in die Zukunft. Und ich freute mich über die zusätzliche Zeit, die ich nun für mich hatte. Im Nachhinein glaube ich, dass ich meinem ehemaligen Chef deutlicher und früher hätte sagen sollen, was ich von seiner Art zu führen halte.

**Wer oder was hat dir in der Situation geholfen?**

Wie schon gesagt: Mein kollegiales und familiäres Umfeld half mir, mit der Situation zurechtzukommen, die Sache abzuhaken und bei der Suche nach einem neuen Job. Gut war auch, dass sie sich meine Vermutungen und Meinungen anhörten und bestätigten.

**Hast du einen Aufhebungsvertrag unterzeichnet oder geklagt?**

Nein, beides war keine Option. Ich ließ mich nach der Kündigung bis zum Austritt krankschreiben.

**Wie war dein letzter Arbeitstag?**

Nach dem Kündigungsgespräch bin ich noch zwei Stunden geblieben. Ursprünglich wollte ich bis zum Ende der Anstellung bleiben oder eine Freistellung erwirken. Mein Chef hat mich jedoch nur ausgelacht, kam mir überhaupt nicht entgegen und bestand darauf, dass ich bis zum letzten Tag arbeiten müsse. Deshalb die Krankschreibung.

**Hast du ein ordentliches Arbeitszeugnis erhalten?**

Das Zeugnis fiel gut bis mittelmäßig aus. Jedoch genau die Punkte, bei denen er als Chef eigentlich völlig versagt hatte, schob er mir in die Schuhe. Ich hatte mehrere Schriftwechsel mit meinem Chef, doch er war nicht bereit, mir ein besseres Zeugnis auszustellen. Ich habe das wohl oder übel akzeptiert.

**Wie hast du dich durch diese Erfahrung persönlich verändert?**

Ich habe gelernt, mehr zu mir selbst zu stehen und zu äußern, was ich denke.

**Was würdest du heute anderen raten, die in eine solche Situation kommen?**

Ich würde sagen: niemals dem ersten und augenscheinlich positiven Eindruck blind Glauben schenken und kritisch hinterfragen, ob das Unternehmen samt der gelebten Kultur zu den eigenen Vorstellungen passt. Darüber hinaus kommt es mir sinnvoll vor, alle Absprachen schriftlich festzulegen. Mündliche Zusagen sind schnell gemacht, werden dann aber oft nicht eingehalten.

**Wann hast du begonnen, dich wieder neu zu bewerben und wie bist du vorgegangen?**

Zwei Monate, nachdem ich meine Marketingstelle angetreten hatte, schaute ich mich gleich wieder nach einer neuen Arbeitsstelle um. Ich sah in der Firma keine Perspektive mehr, als ich mehr und mehr erlebte, wie die Unternehmens- und Führungskultur im Betrieb tatsächlich aussah. Insgesamt schrieb ich 40 Bewerbungen und wurde zu sieben Gesprächen geladen. Ich habe mich vor allem online umgesehen, persönliche Kontakte gefragt und Headhunter angeschrieben. Nach dreimonatiger Arbeitslosigkeit bin ich dann wieder fündig geworden.

Jetzt arbeite ich als strategischer Produktmanager bei dem führenden Einkaufsdienstleister für Krankenhäuser, bei dem ich bereits meine Bachelorarbeit geschrieben habe. Meine frühere Vorgesetzte sollte dort ein Produktmanagement aufbauen und etablieren. Sie warb mich für diese Aufgabe an. Bisher gefällt es mir gut. Meine Chefin hat stets ein offenes Ohr, gibt konstruktive Kritik und lobt mich auch mal. Meine Kollegen sind freundlich und hilfsbereit. Durch meine schlechten Erfahrungen werde ich mir eine umfassende Meinung jedoch erst bilden, wenn die Probezeit vorbei ist.

**Wenn du auf das vergangene Jahr zurückblickst, welche Schlagwörter beschreiben am besten deine berufliche Situation?**

Ausbeutung, Peinigung, Manipulation, Wutausbrüche – all das machte mir das Berufsleben tagtäglich schwer.

**Welche Werte sind dir in der Berufswelt wirklich wichtig und was geht gar nicht?**

Wichtig sind mir Wertschätzung, Respekt, ein höflicher und professioneller Umgang miteinander, gegenseitige Unterstützung, Loyalität, Aufrichtigkeit und konstruktives Feedback. Womit ich gar nicht zurechtkomme, sind diese Dinge: andere heruntermachen, ungerechtfertigte Schuldzuweisungen, keine Erwartungshaltung äußern, cholerische Wutausbrüche, Lorbeeren für die Leistungen anderer einheimsen und sich dann damit rühmen, Mitarbeiter und Kollegen schlecht behandeln und denunzieren.

**Wie war dein Stresslevel in dieser für dich schwierigen Zeit? Wie ging es dir?**

Meine Situation wurde immer schlimmer, ich schlief schlecht und war sehr gereizt. Zum Glück war ich nach acht Monaten weg. Ansonsten hätte das Ganze früher oder später mit totaler Unzufriedenheit und schlimmstenfalls mit einer Depression geendet.

**Was waren die stärksten Emotionen? Was hat sich seit dem Ausstieg verändert?**

Ich verspürte massives Misstrauen, Demotivation und Niedergeschlagenheit. Nach der Kündigung war ich zwei Tage voller Unsicherheit und Zweifel, danach ging es mir viel besser. Ich schlief besser, konnte mit Zuversicht in die Zukunft blicken und war einfach froh, dass ich aus dem Unternehmen raus war. Normalerweise bin ich nicht nachtragend, aber in diesem Fall postete ich eine negative Bewertung im Internet – auch um künftige Bewerber zu schützen. Ich wünsche mir, dass keiner erleben muss, was ich erlebte.

**Mein Slogan lautet: „ Ich wurde gefeuert – zum Glück." Was ist dein Glück?**

Inzwischen weiß ich genau, was ich will und was ich bereit bin zu akzeptieren und was nicht. Das sehe ich als mein Glück an.

# Silke E.: Chef vergrault Top-Mitarbeiterin

Geburtsjahr: 1981
Jahr der Kündigung: 2018
Dauer der Betriebszugehörigkeit: 15 Jahre
Kündigungsgrund: unbekannt
Erster Gesprächstermin: Januar 2019
Letzter Gesprächstermin: Februar 2020

*Silke E. ist IT-Spezialistin für einen weltweit tätigen Konzern. Angefangen hatte sie dort als Auszubildende zur Fachinformatikerin, in den Jahren danach übernahm sie mehr und mehr Verantwortung bis hin zu einer Führungsrolle. Nach 15 Jahren in der Firma kommt die Top-Mitarbeiterin nicht weiter. Ihr Chef fühlt sich durch sie bedroht, hält sie klein. Es kommt noch besser. Während ihrer Elternzeit setzt er sie auf die Liste für ein Stellenabbauprogramm.*

**Was genau waren deine Aufgaben im Unternehmen? Wie hatte sich bis dahin deine berufliche Laufbahn entwickelt?**

Nach meiner Ausbildung entwickelte ich mich beruflich intern weiter. Anschließend wechselte ich zurück in die Software-Entwicklung und baute einen neuen Bereich mit auf. Bei der Auswahl des Qualitätsmanagementsystems war ich aktiv eingebunden, ich nahm es zusammen mit meinem Team weltweit in Betrieb. Die Weiterentwicklungen und die Kommunikation mit dem externen Anbieter liefen zentral über mich. Im weiteren Verlauf war ich für 4.000 interne und 3.000 externe Anwender zuständig. In dieser Position arbeitete ich mich hoch und übernahm darüber hinaus erste Personalverantwortung für zehn Mitarbeiter.

Der nächste Karriereschritt erfolgte kurz darauf. Ich wurde damit beauftragt, eine neue Abteilung mit ins Leben zu rufen. Meine Kerntätigkeit bestand darin, ein global auf sämtlichen Unternehmens- und Hierarchieebenen einsetzbares Berichtswesen einzuführen und ständig zu erweitern. Darüber wurden automatisch alle benötigten Kennzahlen auf höchster Ebene dargestellt. Unser Team erarbeitete auch eine international ausgerollte Konzernplanung. Das Ergebnis war ein kürzerer Planungsprozess durch die Automation, statt circa fünf dauerte er nunmehr eineinhalb Monate. Dadurch wurde das Reporting sehr viel glaubwürdiger und das Unternehmen konnte zudem Einsparungen in Millionenhöhe verzeichnen.

**Wie sahen die Unternehmensstruktur aus? Und wie gestaltet sich die Führungskultur?**

Zu Beginn lief es sehr familiär ab, die Wege waren kurz. Meine Vorgesetzten gaben mir den nötigen Frei- und Handlungsspielraum, in dem ich meine Aufgaben umsetzen konnte. In fachlichen Fragen durfte ich immer frei entscheiden, solange ich mich innerhalb des Budgets bewegte. Im Lauf der Zeit wurden immer mehr Zulieferer aufgekauft. So wuchsen wir sehr schnell. Im Lauf der Zeit wurden immer mehr erfahrene Manager durch externe Mitarbeiter ausgetauscht. Die Neuen fühlten sich der Firma natürlich nicht mehr so verbunden. Eine Umstrukturierung folgte auf die andere, gewachsene Strukturen wurden aufgebrochen. Der Fokus verlagerte sich immer mehr auf Leistung und Erfolg – weg von „Gemeinsam schaffen wir etwas". Vielen langjährigen Kollegen missfiel der neue Kurs, sie verließen das Unternehmen freiwillig.

**Was passierte dann und wie kam es bei dir zum Jobverlust? Was waren die Gründe?**

Mit meinem letzten Vorgesetzten wendete sich das Blatt grundlegend, denn er arbeitete gegen mich. Während meiner Elternzeit bekam ich einen Aufhebungsvertrag angeboten, den ich nach einigem Überlegen annahm. Dass dies tatsächlich das Ende sein sollte, kam für mich sehr überraschend. Ich war vielmehr davon ausgegangen, dass ich bei dem von der Personalabteilung angesetzten Termin meinen neuen Vertrag für den Wiedereinstieg nach der Elternzeit unterzeichnen sollte. Darüber hatte ich eine Woche vorher noch mit meinem direkten Vorgesetzten gesprochen.

Als offizieller Kündigungsgrund wurde genannt, dass es dem Unternehmen schlecht ging. Allen Mitarbeitern, die eine Aufgabe hatten, die zukünftig im Ausland erledigt werden konnte, wurde ein Aufhebungsvertrag angeboten, der aber abgelehnt werden konnte. Inoffiziell sehe ich das so, dass ich aus einem ganz einfachen Grund auf der Liste dieser Kandidaten gelandet bin: Ich war eine Gefahr für meinen Vorgesetzten. Innerhalb der Firma war ich sehr gut vernetzt und somit war ich für ihn unangenehm. Eigenständiges Denken oder eine eigene Meinung, die nicht seiner entsprach, hielt er für falsch. Sätze wie „Eine Frau wird mit jedem Kind dümmer" oder auch „Mach dir keinen Kopf, die Idiotenaufgaben kann sie wieder machen, wenn sie zurückkommt" gingen unter die Gürtellinie und blieben haften. Da fehlte es nicht nur an Führungskompetenz, sondern vor allem an Anstand und einer guten Kinderstube! Womit dieser Mann wohl nicht gerechnet hatte, war, dass meine Kollegen mir alles erzählen würden.

**Wie verlief das Trennungsgespräch?**

Katastrophal! Als äußerst unpassend und auch respektlos empfinde ich noch immer, dass nicht mein Vorgesetzter selbst zu diesem Termin erschien. Stattdessen kam seine Vertretung, mit der ich acht Jahre zuvor das letzte Mal in einem Projekt zusammengearbeitet hatte.

**Wie hast du reagiert?**

Im Gespräch erst einmal gar nicht, da ich zu erstaunt war. Ich erbat mir erst einmal Zeit, um mich mit der neuen Situation auseinanderzusetzen. Eine Woche später versuchte ich dann, meinen Chef zu erreichen. Er ließ sich verleugnen, ignorierte meine Anrufe und E-Mails, in denen ich um ein Treffen bat. Danach war ich wirklich wütend auf ihn. Irgendwann rief er mich dann doch zurück. Im Telefonat sagte ich ihm dann sehr deutlich meine Meinung. Ich fand es absolut nicht in Ordnung, als Verantwortlicher ein Trennungsgespräch nicht selbst zu führen. Zudem hatte er mir eine Woche zuvor ins Gesicht gelogen.

Neben der Wut verspürte ich auch ein wenig Mitleid mit ihm. Gleichzeitig fühlte ich mich innerlich befreit. Da mich die geänderte Unternehmenskultur und auch der Führungsstil zunehmend verärgert hatten, hätte ich nach der Elternzeit oder sehr schnell danach sowieso gekündigt.

**Wer in deinem Umfeld war vom Jobende betroffen? Und wie reagierten deine Kollegen?**

Natürlich meine Familie – vorrangig mein Mann. Er reagierte sehr gut, mischte sich nicht ein, sondern bestärkte mich darin, den Aufhebungsvertrag unterzeichnet zu haben. Natürlich betraf es auch meine beiden Kinder. Die beiden sind allerdings rundum glücklich, schließlich war die Mama jetzt zu Hause. Wir genossen die Zeit miteinander. Meine Eltern und auch Schwiegereltern überließen mir komplett die Entscheidung und unterstützen mich.

Sehr betroffen reagierten hingegen meine ehemaligen Kollegen. Sie konnten es nicht so recht glauben, versuchten, mich zum Bleiben zu bewegen. Etwas verwundert war ich darüber, dass viele in meinem Umfeld kein Verständnis dafür hatten, dass ich als Frau mit zwei kleinen Kindern nach dem Ausstieg so schnell wieder arbeiten wollte.

**Wer wendete sich von dir ab? Wer war loyal dir gegenüber?**

Komischerweise gingen vor allem meine direkten aktuellen Arbeitskollegen auf Distanz. Ich hatte den Eindruck, dass sie meinen Weggang als Verrat ansahen. Loyal waren weiterhin meine früheren Arbeitskollegen und meine ehemaligen Vorgesetzten – bis auf den letzten natürlich. Sie bestärkten mich darin, einen Neuanfang zu wagen. Wir haben nach wie vor Kontakt und treffen uns regelmäßig zum „Freiwilligen-Stammtisch". Profitiert hat ganz klar mein Chef – zumindest auf kurze Sicht. Er muss nun seine Entscheidungen nicht mehr diskutieren. Außerdem bekommt er keinen Gegenwind mehr aus der eigenen Mannschaft. Die setzt sich hauptsächlich aus jungen Studenten oder Mitarbeitern im Ausland zusammen, die seine Entscheidungen hinnehmen und lieber stillhalten, anstatt zu diskutieren. Ich bin mir aber ziemlich sicher, dass dieser Vorgesetzte sich mit seiner totalitären Führung ohne offenes Klima selbst ein Bein stellt.

Richtig gefördert hat mich ganz klar einer meiner früheren Chefs. Er ermutigte mich sehr darin zu gehen. Wohlgesonnen waren mir zudem zwei ehemalige Berater, mit denen ich sehr eng zusammengearbeitet hatte. Beide ließen mir Jobangebote zukommen.

**Wie bist du mit der Situation umgegangen? Was würdest du heute anders machen?**

Ich machte, wie sonst bei meinen Entscheidungen auch, alles mit mir selbst aus. Zunächst ließ ich alles sacken. Sobald ich für mich verstanden und eingeordnet hatte, was passiert war, ging ich allein in die Natur und spielte mögliche Szenarien durch. Erst als ich mir innerlich sicher war, das Richtige zu tun, informierte ich mein Umfeld. Im Rückblick würde ich sagen, dass es gut gewesen wäre, eventuell meine Familie früher mit in den Entscheidungsprozess einzubeziehen. Womöglich fühlte sich der eine oder andere kurzzeitig vor den Kopf gestoßen. Meine Vertrauten kennen mich jedoch nicht anders, sodass die Missstimmung sehr bald wieder bereinigt war. Allerdings würde ich definitiv darauf bestehen, dass mein direkter Vorgesetzter das Trennungsgespräch führt. Es hatte mich so wütend gemacht, dass er diese Aufgabe auf andere abgeschoben hatte. Nachdem ich ihm meine Meinung gesagt hatte und meinen Frust losgeworden war, konnte ich die Situation für mich abschließen.

**Wer oder was hat dir in der Situation geholfen?**

Geholfen hat mir definitiv, mich zu verabschieden. Ich war nach Abschluss meiner Elternzeit noch einen Monat in der Firma. Diese Zeit nutzte ich dazu, mich mit meinen ehemaligen Kollegen zu treffen und ihnen die Situation zu erklären. An einem meiner letzten Arbeitstage lud ich dann alle, mit denen ich in den letzten Jahren viel und gerne zusammengearbeitet hatte, zu einem Brunch ein. Es waren sehr emotionale, aber auch schöne Momente, als mich alle noch mal umarmten und mir zum Abschied ein Präsent überreicht wurde. Viele gaben mir ernst gemeinte gute Wünsche mit auf den Weg. Mir tat es gut zu sehen, dass ich als Mensch und für meine Arbeit wertgeschätzt wurde.

**Wie hast du dich persönlich durch diese Erfahrung verändert?**

Ich bin gereift und souveräner geworden. Meine Angst, eventuell den Job zu verlieren, wenn ich nicht hart genug arbeite, ist weg. Jetzt weiß ich, dass ich immer wieder etwas Passendes finden werde. Mit diesem Wissen gehe ich entspannt durch den Tag, muss nicht zwanghaft den erstbesten Job oder die erstbeste Chance nutzen, die sich mir bietet. Ich bin zufrieden und im Reinen mit mir selbst. Das ist das Wichtigste.

**Was würdest du anderen in einer solchen Situation raten?**

Ich rate jedem, sich bewusst zu verabschieden. Zudem ist es wichtig, auf sein Inneres zu hören – und zwar ohne Zweifel oder Bedenken, was andere sagen könnten oder welche Konsequenzen aus der Entscheidung heraus entstehen. Tief im Inneren weiß jeder ganz genau, was für ihn oder sie die richtige Entscheidung ist! Wir haben in der Hektik vielleicht nur etwas verlernt, das wahrzunehmen – geht raus und zwar allein. Geht in die Natur und hört tief in euch rein, was zu tun ist. Ihr werdet es wissen!

**Wie ging es mit dir nach dem letzten Arbeitstag weiter?**

Zuerst einmal habe ich die Zeit mit meiner Familie genossen! Wir, vor allem die Kinder und ich, waren viel unterwegs – hauptsächlich in der Natur. Dadurch haben wir noch einmal ein ganz anderes Familiengefühl bekommen. Dann sind wir als Familie fünf Wochen ausgestiegen und durch Europa getourt. Das war eine einmalige und unbezahlbare Erfahrung. Nach der Reise verbrachte ich natürlich die Zeit hauptsächlich mit meiner Familie. Mit zwei kleinen Kindern zu Hause wird es nicht langweilig. Einen Teil der Zeit nutzte ich auch dazu, endlich meine Projekte zu realisieren, für die ich sonst nie Zeit gehabt hatte.

**Wie erging es dir auf der Suche nach einem neuen Job?**

In den ersten drei Monaten suchte ich erst mal gar nicht – mir war es wichtig, zunächst innerlich komplett frei zu werden, um dann bereit für einen Neuanfang zu sein. Als Abschluss dieser Phase machten wir unseren „Road-Trip". Danach fing ich an, darüber nachzudenken, was ich eigentlich in Zukunft machen wollte. Ich fand heraus, dass mir die Informatik nach wie vor sehr viel Freude bereiten würde. Mir war auch klar, dass ich weiter operativ und im Projektumfeld tätig sein wollte. Eine Selbstständigkeit kam für mich nicht infrage. Ich wollte wieder Projekte machen, die mich fordern und auf Dauer glücklich machen würden. Über die üblichen Portale und meine persönlichen Kontakte suchte ich dann nach passenden Stellen.

**Wie viele Bewerbungen hast du geschrieben?**

Insgesamt fünf Bewerbungen waren es, davon nur zwei wirklich ernst gemeinte. Die anderen waren dazu da, meine Chancen und meinen Marktwert auszuloten. Meine Trefferquote war hoch. Auf die fünf Bewerbungen folgten vier Vorstellungsgespräche. Bei der Jobsuche spielte mir sehr in die Karten, dass ich mich in einem starken Arbeitnehmermarkt bewegte. Es herrscht aktuell ein sehr großer Fachkräftemangel. Vor allem fehlen weibliche, erfahrene Fachkräfte, zumal gerade große Firmen auch eine Frauenquote erfüllen müssen. Dies führte dazu, dass jedes Unternehmen, das mich nach der zweiten Bewerbungsrunde haben wollte, sein ursprüngliches Angebot noch verbesserte.

**Wie lief der Einstellungsprozess ab?**

Ich hatte zuerst ein Telefongespräch, in dem es um die fachlichen Themen der neuen Arbeitsstelle ging. Anschließend folgte ein persönliches Interview mit meinem zukünftigen Vorgesetzten und dessen Chef. Darin sprachen wir noch einmal über die fachlichen, vorrangig aber über die finanziellen Rahmenbedingungen. Am Ende erhielt ich direkt ein Angebot. Ich bat um eine Woche Bedenkzeit und tat auch kund, dass ich noch eine weitere Option hatte. Das war an einem Freitag. Am darauffolgenden Montagmorgen sah ich, dass die Stelle im Jobportal nicht mehr verfügbar war. Somit war ich in einer guten Verhandlungsposition. Die Kollegin aus der HR-Abteilung meldete sich zwei Tage danach bei mir. Sie verbesserte das Angebot gleich von sich aus. Bei meinem fachlichen Vorgesetzten verhandelte ich dann noch mal nach und im Anschluss daran unterschrieb ich den Vertrag. Meine

Freundin, die in derselben Firma arbeitete und mich auf die freie Stelle hingewiesen hatte, riet mir dazu, das zu tun. Sie sagte wörtlich: „Verkauf dich nicht unter Wert!" Das nahm ich mir zu Herzen.

**Du wolltest erst Teilzeit, arbeitest jetzt Vollzeit? Wie kam es dazu?**

Um ehrlich zu sein: Die neue Stelle ist mein Traumjob. Ich wollte mich schon vor den Kindern auf eine ähnliche Ausschreibung bewerben, ließ es aber dann wegen meiner Schwangerschaft. Chancen sollte man ergreifen, wenn sie sich einem bieten. Die Lösung für uns als Familie besteht darin, dass wir das Modell „Modern Family im Hinterland" leben. Mein Mann arbeitet im nächsten Jahr in Teilzeit, also drei Tage die Woche, bis meine Einarbeitung ganz abgeschlossen ist. Danach entscheiden wir, ob wir dieses Modell beibehalten oder ich dann die Stunden reduziere, sodass wir im optimalen Fall beide vier Tage arbeiten. Unsere Söhne werden in der Zeit, in der sie nicht im Kindergarten sind und keiner von uns verfügbar ist, von den Großeltern betreut. Mir kam mein neuer Arbeitgeber auch sehr entgegen. So habe ich eine Vertrauensarbeitszeit ohne Kernzeit. Ich kann also auch vormittags arbeiten und dann wieder, wenn die Kinder im Bett liegen oder mein Mann zu Hause ist. Außerdem arbeite ich komplett im Homeoffice und habe eine Reisetätigkeit von maximal 30 Prozent.

**Wie sieht dein neuer Job genau aus?**

Ich koordiniere Projekte im Digitalisierungsumfeld von Industrien, dabei geht es um selbstfertigende Fabriken. In meiner Funktion bilde ich die Klammer zwischen Produkt-Lifecycle-System, Qualitätsmanagement und Fertigungssystem. In kleineren Projekten fungiere ich auch als Projektleiterin, im Projektumfeld übernehme ich auch Führungsverantwortung. Während der Projekte bin ich für die Inhalte verantwortlich, die je nach Größe des Projekts variieren.

**Welche Werte sind dir in der Berufswelt wirklich wichtig?**

Das ist mir ganz klar: Ehrlichkeit und ein offenes Klima, in der die Eigenständigkeit gefördert und auch gefordert ist, zudem sind flache

Hierarchien und ein motiviertes Team für mich persönlich unverzicht-
bar. Starrer, totalitärer Führungsstil und „Old-School"-Vorgesetzte
gehen für mich gar nicht. Geld steht für mich nicht an erster Stelle.
Natürlich ist es schön, es zu haben, aber es macht mich nicht glücklich.
Wenn alles andere passt, ist die Bezahlung zweitrangig.

**Mein Slogan lautet: „Ich wurde gefeuert – zum Glück." Was ist dein
Glück?**

Mein Glück ist die Freiheit! Die Freiheit, mir meine Arbeit so einteilen
zu können, dass ich genug Zeit mit meiner Familie verbringen kann.
Die Freiheit, das zu tun, was ich liebe. Die Freiheit zu wissen, dass ich
gut bin, in dem was ich tue, und dass mir Vertrauen entgegengebracht
wird, die neue Aufgabe gut zu erfüllen.

# Ines V.: Jobkiller Schwangerschaft

**Geburtsjahr: 1977**
**Jahr der Kündigung: 2016**
**Dauer der Betriebszugehörigkeit: zwölf Jahre**
**Kündigungsgrund: Mobbing wegen Elternzeit**
**Erster Gesprächstermin: April 2019**
**Letzter Gesprächstermin: Juni 2019**

*Bildungsreferentin Ines V. arbeitete seit zwölf Jahren für einen Konzern
in der Versicherungsbranche. Doch nach ihrer Elternzeit landete sie auf
dem Abstellgleis. Kinder und Karriere – das ist für Unternehmen immer
noch ein echtes Problem.*

**Was genau waren deine Aufgaben im Unternehmen?**

Direkt nach dem Uni-Abschluss stieg ich als Blended-Learning-Expertin
ins Service-Team ein. Mein Aufgabenbereich war sehr vielfältig: Ich
schrieb Drehbücher und war für die Produktion von Lernsoftware verantwortlich. Dabei koordinierte ich die Redakteure, Grafiker, Program-

mierer und das Tonstudio. Zusätzlich unterstützte ich das Vertriebssystem und schrieb Fachanforderungen an die IT. Außerdem war ich Teilprojektleitung bei großen Roll-out-Vorhaben für Produkte und Systeme. Später habe ich unternehmensintern Aufträge akquiriert, darüber hinaus Qualifizierungsstandards für Servicemitarbeiter und -prozesse sowie E-Learning-Standards entwickelt.

**Wie würdest du die dortigen Machtstrukturen beschreiben?**

In der Firma dominierten Männer das Geschehen. Es ging sehr hierarchisch zu, Platzhirschgehabe in Meetings war normal. Mein Chef-Chef suchte sich mal den einen, mal den anderen aus, um den Betreffenden vorzuführen oder vor versammelter Mannschaft herunterzumachen.

**Wie war dein Chef?**

Mein direkter Chef war in den ersten Jahren sehr väterlich. Durch ihn lernte ich den Umgang mit Firmenpolitik. Er zeigte mir auch das Handwerkszeug einer guten Projektmanagerin, war offen für meine Ideen, lobte mich, zeigte Anerkennung. Beim Thema Gehaltserhöhung oder Fortbildung war er dagegen knauserig.

**Was ist passiert?**

Ich wurde schwanger. Und was dann passierte, konnte ich kaum glauben: Mit sofortiger Wirkung wurde ich von allen Projekten und Dienstreisen abgezogen. Mein väterlicher Förderer reagierte eiskalt. Er war wie ausgewechselt, schrieb mich komplett ab. Zunächst dachte ich, dass ich mir das nur einbilde und alles gut werden würde. Doch es kam schlimmer: Acht Wochen nach der Geburt leitete ich einen Strategie-Workshop der Abteilung. Da ich mein Kind damals stillte, waren auch meine Großmutter und das Baby vor Ort. Nach dieser Veranstaltung wurde ich über nichts mehr informiert. Neun Monate später, ich war in Elternzeit, bot mir die Personalabteilung einen Krippenplatz in der neu eröffneten Betriebskindertagesstätte an. Ich sagte zu und bot meinem Chef an, stundenweise wieder zu arbeiten, weil die Firma die Betreuung subventionierte und ich Zeit hatte. „Wir brauchen dich hier nicht" war die Antwort. Es tat weh, das zu hören.

**Wie erklärst du dir dieses Verhalten?**

Wie sich herausstellte, steckte ein Muster dahinter. Mein Chef stellte vornehmlich jüngere Mitarbeiterinnen ein. Diese förderte er zunächst, doch das hörte auf, sobald sie schwanger wurden. Er hätte selbst gerne Kinder gehabt, doch seine Frau konnte keine bekommen. Tatsächlich sagte er, dass ich geschenkt bekommen hätte, was er nicht haben dürfe. Mein Chef konnte nicht verstehen, dass ich freiwillig arbeiten wollte, anstatt zu Hause zu bleiben und mich ausschließlich um mein Kind zu kümmern. Er zog mich von meinen Projekten ab, um mich quasi vor mir selbst zu schützen. Für meinen Geschmack mischte er sich zu sehr ins Private ein, das war übergriffig.

**Wie ging es dann weiter?**

Mein Plan war, nach einem Jahr wiederzukommen und für mindestens 28 Stunden Teilzeit in Elternzeit zur Verfügung zu stehen. Nach Ende des Elternzeitjahres kehrte ich also zurück. Inzwischen hatte meine Vertretung die Funktion als Abteilungsleiterin des Team E-Learning-Produktion übernommen. Diese Position hatte jahrelang in meinem Entwicklungsplan gestanden, dieser Traum zerplatzte nun innerhalb von Sekunden.

Es kam noch deutlich schlimmer. Ich wurde ganz aus dem Aus- und Weiterbildungsteam ausgeschlossen und fand mich plötzlich im Qualitätsmanagement wieder. Dort hatte ich die ersten sieben Monate keine Aufgabe. Ich saß einfach da, fragte Kollegen, ob ich helfen könne, zählte Belege und langweilte mich. Gleichzeitig war mein zwölf Monate altes Baby in der Ganztagsbetreuung untergebracht. Das war das Schlimmste für mich. Mehrfach suchte ich intern das Gespräch – nichts. In dieser Zeit bewarb ich mich extern, bekam aber nur Absagen. Wer stellt schon eine frischgebackene Erstlingsmutter in Teilzeit für eine anspruchsvolle Position ein? Niemand! Also hielt ich aus. Auch vom Betriebsrat bekam ich keine Unterstützung. Eine Kollegin sprach dann mit meinem vorherigen Chef und sagte ihm, dass sie dauerhaft 100 Überstunden vor sich herschiebe. Sie bat ihn, mir doch das neue Projekt mit Trainingskonzeption zu übertragen. Diesmal klappte es. Ich bekam das neue Projekt und war erst mal zufrieden.

Vier Jahre später wurde ich dann zum zweiten Mal schwanger. Als ich aus der einjährigen Elternzeit zurückkam, landete ich in der Beschwerdeanalyse. Alle Ressort-Führungskräfte fragten mich, wann ich denn wieder in Projekten und für die Weiterbildung ihrer Mitarbeiter aktiv werden würde. Da musste ich dann immer sagen: „Ich weiß es nicht, bisher mache ich die Beschwerden." Ich konnte ja schlecht sagen, dass mein Chef mich abgesägt hatte, ich mich langweilte und liebend gerne für sie arbeiten wollte.

Wieder wendete ich mich an den Betriebsrat, in dem ich mittlerweile selbst Mitglied war. Offiziell hatte ich schließlich immer noch einen Vertrag als Bildungsreferentin und nicht als Beschwerdesachbearbeiterin. Parallel führte ich interne Gespräche, um in eine andere Abteilung zu wechseln. Alle Bestrebungen führten ins Nichts. Ich stieg dann wieder aus und flüchtete geradezu in ein weiteres ungeplantes Elternzeitjahr.

**Wie kam es zum Jobende? Was sind die Gründe?**

In der Elternzeit ging ich zu einer Anwältin. Sie meinte nur: „Frau V., Sie werden seit sieben Jahren gemobbt. Warum sind Sie erst jetzt hier?" Dann wendete ich mich an die Personalabteilung und sprach zum ersten Mal aus, was ich lange geahnt, mir aber nie eingestanden hatte. Ich bat um Unterstützung dabei, nach Ablauf des Elternzeitjahres die Abteilung zu wechseln. Die Personalmitarbeiterin wies mich jedoch in die Schranken. Ihre Antwort war: „Sie haben einen unbefristeten Vertrag und einen Platz in der für Sie vorgesehenen Abteilung. Da kann ich nichts machen." In dem Moment war ich so verzweifelt, dass ich spontan unter Tränen sagte: „Entweder Sie helfen mir da raus oder Sie machen mir ein Angebot." Eine Woche später lag ein Aufhebungsvertrag mit einer kleinen Abfindung im Briefkasten. Ohne Gespräch, ohne Worte. Ich konnte es nicht fassen.

**Wie hast du reagiert?**

Ich musste erst mal weinen. Dann gab ich die Angelegenheit an meine Anwältin ab. Sie meinte trocken: „Ach, mal wieder eine solche Sache. Das ist ja nix Neues. Da kann ich ja schon ein Standardschreiben verwenden." Offensichtlich war ich also kein Einzelfall. Die Rechtsanwältin übernahm den Schriftverkehr und die Kommunikation mit der HR-Abteilung meines Arbeitgebers, somit war ich aus der Schusslinie. Sie gab mir Sicherheit und boxte mich raus. Darüber war ich sehr erleichtert, zumal ich das Gefühl hatte, dass mir die Personalabteilung in den Rücken gefallen war. Abgesehen davon fühlte ich mich in der Zeit sehr emotional und total überfordert.

**Welche Ausstiegskonditionen hat deine Anwältin ausgehandelt?**

Ich bekam eine höhere Abfindung, ein gutes Zeugnis (ein Tipp hierzu: Zeugnis vor der Elternzeit ausstellen lassen) und wurde vorzeitig freigestellt. Und: Den Firmenlaptop durfte ich behalten.

**Erzähl mal: Wie war dein letzter Arbeitstag?**

Den gab es quasi nicht. Ich war noch einmal an meinem Arbeitsplatz, um meine Sachen aus dem Schreibtisch zu holen. Das erledigte ich, als nur wenige Kollegen im Büro waren. Ältere Kollegen zollten mir Respekt, weil ich so gekämpft hatte, und wünschten mir alles Gute. Die Damen, die von meinem Abgang am meisten profitierten, schwiegen nur betreten.

**Was war die stärkste Emotion?**

In dieser ganzen Zeit, in der ich mir nicht eingestand, was mir passierte, war ich in keiner guten Verfassung. Nicht nur in der Arbeit lief es nicht gut, sondern ich erfuhr auch, dass meine Mutter unheilbar an Krebs erkrankt war. Meinem Sohn ging es gesundheitlich ebenfalls überhaupt nicht gut. Ich hatte Angst, war mit der Gesamtsituation überfordert, wusste nicht damit umzugehen. Zu allem Übel versuchte ein mir nahestehender Kollege, sich das Leben zu nehmen. Ich selbst hatte auch Selbstmordgedanken: Ich wollte nicht mehr, zweifelte an mir, an meiner Ehe, an meiner Ausbildung, an allem. Niemand wusste, wie schlecht es mir wirklich ging. Alles schien sinnlos. Meine Rettung war mein damals vierjähriger Sohn, als er sagte: „Mama, du lachst nicht mehr." Meine Kinder spürten, dass es mir einfach nicht gut ging.

Ich war schnell genervt, oft traurig, aufbrausend. Mein Sohn hat mir schließlich den Anstoß gegeben, den ich brauchte, um aktiv zu werden.

**Wer wendete sich von dir ab und wer unterstützte dich?**

Kollegen, mit denen ich in guten Zeiten gefeiert und Wellness genossen hatte, wendeten sich komplett ab. Sie sprachen kein Wort mehr mit mir, schnitten mich. Einige machten beim Mobbing mit. Besonders eine Kollegin, die immer neutral war, spielte mir übel mit. Ich war menschlich sehr enttäuscht. Von meinem Abgang profitierten vor allem die beiden Elternzeitvertretungen. Loyal waren hingegen insbesondere die Männer der Abteilung und die älteren Mitarbeiter. Gefördert und unterstützt hat mich der Betriebsrat, aber leider fehlte die Durchsetzungskraft. Ohne meinen Mann und meine Kinder hätte ich das alles nicht überstanden.

**Wie bist du mit der Situation umgegangen? Was würdest du heute anders machen?**

Ich kämpfte offen und prangerte an, was mir im Unternehmen auffiel. Auch deshalb wurde ich nach meiner ersten Elternzeit in den Betriebsrat gewählt. Immer wieder kamen Frauen mit Stabs- oder Referentenstellen und in Führungspositionen zu Beratung. Sie kehrten nach der Elternzeit zurück, wurden praktisch degradiert und erhielten weniger Gehalt. Ein Abteilungsleiter machte keinen Hehl aus seiner Anschauung und erklärte vor dem Betriebsrat, dass Mütter in seiner Abteilung in der Führungsrolle nichts zu suchen hätten. Aus dem Protokoll musste seine Aussage später entfernt werden. Geschadet habe ich mir mit meiner kämpferischen Art letztendlich nur selbst. Dafür kann ich heute aber noch mit gutem Gewissen in den Spiegel schauen, denn ich bin für meine Werte eingestanden.

**Hattest du eine Rechtsschutzversicherung?**

Ja, Gott sei Dank. Die hat alles gezahlt. Ich selbst brauchte lediglich die Selbstbeteiligung von 150 Euro zu zahlen. Sogar die Zeugnisprüfung wurde übernommen.

**Wie hast du dich persönlich durch diese Erfahrung verändert?**

Alles in meinem Leben ist heute anders. Ich bin ruhiger, dankbarer, zufriedener, achtsamer und habe vor allem mehr Selbstvertrauen. Außerdem wurde ich zu einer glühenden Kämpferin für Frauenrechte, denn ich musste sehr oft miterleben, wie Frauen wegen der Mutterschaft ähnlich abserviert wurden wie ich.

**Was würdest du anderen in einer solchen Situation raten?**

Sich gleich beim ersten komischen Bauchgefühl externen Rat holen. Und: zuversichtlich sein und raus aus der Opferrolle!

**Wie ging es mit dir nach Jobende weiter? Wie nutzt du die freie Zeit?**

Das Ganze hatte mich völlig aus der Bahn geworfen. Nachdem mein Sohn mir gesagt hatte, dass ich nicht mehr lachen würde, nahm ich mir einen Business-Coach. Nach nur drei Terminen war ich so aufgeräumt, dass ich sehr kraftvoll in die Selbstständigkeit starten konnte. Ich schrieb meinen Businessplan, akquirierte die ersten Kunden und merkte, dass ich das tatsächlich kann. Das tat mir einfach gut. Gleichzeitig lernte ich extrem viel Neues: Buchführung, Wunschkunden, Online-Marketing, Personalführung, Vertragswesen usw. Lustigerweise bekam ich auch attraktive Teilzeitangebote, die ich jedoch ablehnte.

**Was genau machst du jetzt?**

Im Grunde das Gleiche wie vorher als Angestellte: Als Freelancer bin ich in den Bereichen Training, Digitalisierung und Changemanagement unterwegs, schreibe Trainingskonzepte, bilde Trainer aus und arbeite bei Software-Roll-outs mit.

**Wie war dein Stresslevel in der für dich sicher mehr als schwierigen Zeit?**

Extrem hoch. Ein Jahr nach dem Ausstieg aus der alten Firma lief ich einer ehemaligen Betriebsratskollegin über den Weg. Die fragte mich, ob ich eine Schönheits-OP gehabt hätte, ich sähe zehn Jahre jünger aus. Meine Körperhaltung hatte sich verändert und auch meine Gesichtsfalten waren weniger geworden.

**Was waren die stärksten Emotionen?**

Herzrasen, Angstschweiß, Schwindel, Ohrenpfeifen und nah am Wasser gebaut sein – das volle Programm. Und Wut: Ich bin aggressiv Auto gefahren. Es war ein Glück, dass nichts passiert ist. Nachts habe ich mir ausgemalt, wie ich meinen Chef mit Dartpfeilen abschieße. Außerdem habe ich viel geweint.

**Wie haben sich deine Emotionen seit dem Ausstieg verändert?**

Irgendwann schrieb ich meinem alten Chef eine E-Mail, in der ich mich bei ihm bedankte, bis dahin hatte ich nicht mit der Sache abschließen können. Seine Reaktion war schön und zeigte, dass er respektierte, dass ich mich nicht verbiegen lassen wollte. Danach konnte ich das Thema beenden und inzwischen fühle ich mich wie neu geboren.

**Was hast du mitgenommen aus dieser Zeit?**

Der Satz „Mitarbeiter kommen wegen des Unternehmens und gehen wegen einer Führungskraft" stimmt. Gewonnen habe ich Zuversicht und das Bewusstsein, dass ich was kann und ein starkes Wertegefüge habe. Deshalb lehne ich Aufträge oder Kooperationen ab, wenn ich den Eindruck habe, dass da etwas nicht stimmt. Oh, und ich habe gelernt, dass mein Körper emotionalen Stress in Fett umwandelt. In der harten Zeit habe ich 15 Kilo zugenommen. Damit kämpfe ich immer noch.

**Mein Slogan lautet: „Ich wurde gefeuert – zum Glück." Was ist dein Glück?**

Heute führe ich ein kleines Unternehmen mit zwei Mitarbeitern. Ich tue das, was mir Spaß macht, kann mich voll entfalten. Das fühlt sich unglaublich gut an. Dazu kommt das Wissen, eine pflegeleichte Tochter und einen wunderbaren Mann zu haben, der mich immer unterstützt. Und einen weisen Sohn, der wahnsinnig feine Antennen besitzt und mir quasi das Leben gerettet hat. Das ist mein Glück!

# Mirko W.: Erpressung in der Probezeit

Geburtsjahr: 1973
Jahr der Kündigung: 2017
Dauer der Betriebszugehörigkeit: achteinhalb Monate
Kündigungsgrund: wurde nie richtig bekannt gegeben
Erster Gesprächstermin: Oktober 2018
Letzter Gesprächstermin: Februar 2020

*Mirko W., Key-Account-Manager in der Papierbranche, lebte mit seiner kleinen Familie – sein zweiter Sohn war vor kurzem auf die Welt gekommen – im Rhein-Main-Gebiet. Gerade als er ein passendes Eigenheim gefunden hatte und die Vertragsunterzeichnung anstand, erhielt er das Angebot, eine Verkaufsleiterstelle mit Leitungsfunktion in Norddeutschland zu übernehmen. Darauf hatte er lange Zeit hingearbeitet. Was tun?*

## Was ist in dieser Situation passiert?

Ich wollte mir diese Chance natürlich nicht entgehen lassen und sagte zu, obwohl die neue Tätigkeit häufiges Reisen erforderte. In der Familie fassten wir die Entscheidung, den Rhein-Main-Standort nicht aufzugeben, um meine Frau mit den Kindern nicht aus dem sozialen Umfeld zu reißen. Ich machte den Job dann zwei Jahre lang und stellte schließlich fest, dass das so auf Dauer nicht funktionieren würde. Da es leider nicht möglich war, innerhalb der Firma zu wechseln, schaute ich mich auf dem Markt um. Durch Branchenkontakte stieß ich auf ein Wettbewerbsunternehmen und wurde dort fündig. Für die neue berufliche Herausforderung in der Papierbranche ging ich einen Schritt zurück vom Verkaufsleiter zum Key-Account-Manager.

Bei Dienstantritt wurde mir kein Kundenbezirk übergeben, sondern ein Haufen von 350 Adressen, die es zu bearbeiten galt. Mit der Funktion Key-Account-Management hatte das im Grunde nicht viel zu tun. Ich nahm es hin, schließlich verdiente ich gutes Geld. Nach drei Monaten fand ein erstes Orientierungsgespräch statt, ich bekam positive Rückmeldungen. Schon nach fünf Monaten hatte ich die budgetierten Zahlen übertroffen.

In meinem zweiten Orientierungsgespräch vereinbarte ich mit meinen Vorgesetzten, die Akquise in andere Bereiche auszuweiten. Das war zwar vorher so nicht besprochen worden, da ich ja als Key-Account-Manager eingestellt worden war, aber ich akzeptierte die Änderung. Einige Wochen später, es war kurz vor Weihnachten, saß ich im Büro, als plötzlich mein Firmenhandy klingelte. Einer meiner Chefs war dran und bat mich, ins Besprechungszimmer zu kommen. Auf dem Weg dorthin kam mir der Gedanke, dass sie mir jetzt kündigen. Bis zum Ende der sechsmonatigen Probezeit waren es noch zwei Wochen.

Tatsächlich war außer den beiden Vorgesetzten die Personalchefin anwesend. Man teilte mir mit, man sei mit meiner Arbeit überhaupt nicht zufrieden. Ich war überrascht und fragte nach, woran diese Entscheidung hing. Letzten Endes erzählten die Zahlen ja eine andere Geschichte. Obwohl wir uns einige Wochen zuvor darauf verständigt hatten, dass ich neue Kunden in anderen Bereichen akquirieren sollte, bekräftigte die Unternehmensleitung ihre Unzufriedenheit. Sie ging sogar noch einen Schritt weiter und meinte, dass ich nur mit einem geringeren Gehalt weiter beschäftigt werden könnte. Bis zum nächsten Tag sollte ich eine Präsentation mit der zukünftigen Marktbearbeitung vorbereiten und mir einen neuen Gehaltsvorschlag überlegen. Ich willigte ein, die Präsentation zu erstellen, lehnte aber eine Gehaltsänderung ab.

**Wie ging es dir damit?**

Am liebsten hätte ich denen gesagt, dass ich das nicht machen würde. Da jedoch finanzielle Verpflichtungen durch unseren Hauskauf und gegenüber meiner Familie bestanden, fühlte ich mich gezwungen, der Forderung meines Chefs nachzukommen. Ich hatte das Gefühl, dass mein Arbeitgeber meine Situation ausnutzen wollte. Das gefiel mir ganz und gar nicht und nagte an mir. Zum Glück kannte ich einen Fachanwalt für Arbeitsrecht, den kontaktierte ich. Er riet mir, die Vertragsänderung zu unterzeichnen, da die anderen am längeren Hebel saßen. Und ich unterschrieb, schließlich war ich ja noch in der Probezeit. Mein Gehalt wurde um 1.000 Euro brutto pro Monat reduziert. Wie gewünscht hielt ich meine Präsentation und zeigte auf, wie die Marktbearbeitung fortan aussehen sollte. Ich war enttäuscht, der Stachel saß tief. Mein Vertrauen in die Firma war weg.

Der Weihnachtsurlaub kam wie gerufen, in dieser Zeit konnte ich Abstand gewinnen und mir überlegen, wie es weitergehen sollte. Je länger ich darüber nachdachte, was mir widerfahren war, desto mehr reifte in mir der Entschluss, nicht mehr an meinen Arbeitsplatz zurückzukehren. Die Vorfälle schlugen mir auf den Magen. Ich war deprimiert. An meinem ersten Arbeitstag nach dem Urlaub meldete ich mich schriftlich krank, musste dann auf Veranlassung der Firma zum medizinischen Dienst, um mich untersuchen zu lassen. Das ging zum Glück durch.

Nach all den Vorkommnissen in der Firma wollte ich mich nicht mehr mit meinem Arbeitgeber auseinandersetzen und vor allem meine Gesundheit schützen. Auf Anrufe reagierte ich nicht. Stattdessen kontaktierte ich meinen Anwalt und übergab ihm die Sache. Das unfaire Verhalten meines Chefs war für mich ein absoluter Vertrauensbruch. Rein rechtlich hatte sich der Arbeitgeber im grünen Bereich bewegt, aber ethisch gesehen war das nicht in Ordnung. Persönlich fühlte ich mich einfach erpresst. Meine Motivation war weg. Wie sollte ich da als Vertriebler noch erfolgreich sein können?

**Hattest du eine Rechtsschutzversicherung? Und wenn ja, hat sie gegriffen? Du warst ja noch nicht gekündigt.**

Ja, ich hatte eine Versicherung abgeschlossen, und genau, die konnte ich in dem Moment erst einmal nicht in Anspruch nehmen. Wenn es keine Kündigung gegeben hätte, hätte ich alles selbst bezahlen müssen, doch die traf einige Tage später bei mir ein. Wir reichten dann Kündigungsschutzklage auf Wiedereinstellung ein. Ich wollte natürlich nicht wieder in den Betrieb zurückkehren, sondern beim Schlichtungstermin am Arbeitsgericht eine Einigung erzielen und auch gleich eine Abfindung aushandeln.

Mein Anwalt und ich rechneten hoch, welcher Betrag realistisch wäre. Ich wusste, dass es noch mal mindestens drei Monate dauern würde, bis ein Kammertermin stattfinden würde, sollte bei dem Schlichtungstermin keine Einigung erzielt werden. Das wären Mehrkosten für den Arbeitgeber gewesen, denn er hatte nichts gegen mich in der Hand. Ich hatte mich einwandfrei verhalten, eine Abmahnung lag nicht vor. So entschieden wir, das Abschiedspaket höher anzusetzen, um notfalls in der Trennungsverhandlung noch etwas nachgeben zu können. Unsere Forderung lag bei zwei vollen Gehältern plus Prämie, die ich noch gekriegt hätte, plus Firmenwagen usw.

Der Schlichtungstermin kam. Meine Personalchefin war mit ihrer Anwältin gekommen. Die Richterin setzte sich, schaute in ihre Unterlagen und dann in Richtung Unternehmen. Sie fragte nach, was vorgefallen war. Meine Personalchefin erklärte, dass es eine Vertragsänderung in der Probezeit gegeben hätte, der Mitarbeiter sich nach seinem Urlaub schriftlich krank gemeldet hätte und der Arbeit ferngeblieben sei. Aus Sicht der Richterin lag kein Trennungsgrund vor und sie erklärte die Kündigung für unrechtmäßig. Demnach sollte ich am nächsten Wochentag wieder in die Arbeit kommen. An dem Punkt griff mein Anwalt ein und verwies auf das gestörte Vertrauensverhältnis.

Unsere Rechnung ging auf. Der Arbeitgeber erklärte sich dazu bereit, 3.000 Euro Abfindung zu zahlen, wir forderten 15.000 Euro und einigten uns auf 10.000 Euro. Das war genau das, was der Anwalt und ich uns vorher überlegt hatten. Hätte meine Firma diese Summe nicht zahlen wollen, so hätte ich mich nicht darauf eingelassen und den Prozess weiterlaufen lassen. Für mich war der Ausgang eine echte Genugtuung. Dieses Mal war die Personalchefin in der Defensive. Sie konnte über die Höhe des Betrags nicht allein entscheiden, deshalb telefonierte sie mit der Unternehmensleitung und holte sich die Freigabe ein. Ich war froh, dass die Sache gut für mich ausgegangen war. Das lag unter anderem daran, dass ich in der Situation einen kühlen Kopf bewahrt hatte und wusste, wie ein Prozess am Arbeitsgericht ablief. Und ich hatte meine finanzielle Situation im Blick behalten. Was auch gut an der Einigung war: Ich wurde vom Arbeitsamt nicht gesperrt.

**Was war denn nun der wahre Kündigungsgrund?**

Das ist genau der Punkt, der mich bis nach wie vor beschäftigt. Ich verstehe es bis heute nicht. Mein Arbeitgeber hätte mir doch einfach in der Probezeit kündigen können. Dann hätte er sich viel Geld gespart. Stattdessen entstanden durch die Gerichtsgebühren, Gehälter und alles andere 40.000 bis 50.000 Euro Kosten. Und wofür? Ich weiß nicht, was sich die Firmenleitung dabei gedacht hat.

**Wie ging es nach dem Jobausstieg weiter?**

Erst einmal ließ ich es mir gutgehen und gönnte mir eine Auszeit. Ich kümmerte mich um die Familie und war für meine Kinder da. Insgesamt blieb ich neun Monate zu Hause. In dieser Zeit schrieb ich vereinzelt Bewerbungen. Es gab eine Firma, die mich haben wollte, da wollte ich aber nicht hin. Bei einer anderen Firma war es umgekehrt: Da wollte ich hin, aber die wollten mich in der letzten Konsequenz nicht.

Anfangs wollte ich mir einen neuen Job in der gleichen Branche suchen. Ich hatte aber das Gefühl, durch diese Geschichte „verbrannt" worden zu sein. Vielleicht hatte sich der Fall herumgesprochen. Zudem nahm ich wahr, dass sich im Markt durch die fortschreitende Digitalisierung ein Wandel vollzogen hatte. Ob es da Sinn machte, noch einmal zurückzukehren? In mir kam der Gedanke auf, etwas ganz Neues auszuprobieren.

**Wie bist du zu deinem neuen Job gekommen?**

Durch einen glücklichen Zufall! Ich war mit meinen Jungs alleine auf dem Spielplatz und traf dort einen ehemaligen Freund. Die Kinder spielten, wir saßen auf der Bank in der Sonne. Er fragte mich, was ich denn gerade machte. Daraufhin erzählte ich ihm meine Geschichte und sagte, dass ich mir gerade ganz in Ruhe Gedanken darüber machen würde, was ich zukünftig arbeiten wollte. Wenn ich mich jetzt, mit Mitte 40, nicht verändern würde, dann wahrscheinlich gar nicht mehr. Wie der Zufall es wollte, suchte mein Freund gerade jemanden. Ihm gehörte eine Hausverwaltung, die er mit einem anderen Inhaber gemeinsam führte. Sie waren gerade dabei, zusätzlich die Immobilienvermittlung zu erschließen, und konnten einen Vertriebler gebrauchen. Dazu hatte ich große Lust, Vertrieb machte ich ja schließlich seit 20 Jahren. Zudem erschien mir das Rhein-Main-Gebiet als ganz gutes Pflaster, um Immobilien zu vertreiben. Das klang für mich vielversprechend und so ließ ich mich dort anstellen. Mein Grundgehalt war zwar wesentlich geringer als vorher, aber ich verhandelte eine attraktive Provisionsvereinbarung. Inzwischen konnte ich schon mehrere Objekte verkaufen.

**Was hast du aus der Kündigung gelernt?**

Die ersten zwei, drei Tage nach der beruflichen Trennung waren schlimm. Ich verfiel im ersten Moment in Panik: Kinder, Hausfinanzierung, eventuell arbeitslos, weniger Geld. Das war erst einmal eine Katastrophe. Ich machte mich selbst ganz verrückt.

Dann beruhigte ich mich wieder und rechnete alles vernünftig durch. Und am Ende wurde mir klar, dass ich wegen der Kündigung nicht zugrunde gehen würde. Ich hatte das große Glück, dass ich einige Jahre zuvor eine Immobilie gekauft hatte, die damals günstig war. Inzwischen war sie 40 Prozent mehr wert. Im schlimmsten Fall hätte ich sie verkaufen müssen und auch dann wäre das Leben weitergegangen.

**Wer oder was hat dir sonst noch geholfen?**

Meine Frau, meine Kinder und gute Freunde. Teilweise und unvorhergesehen wurde es zeitweise finanziell eng. Zum Glück hatte ich gute Freunde, die mich in dem Moment nicht haben hängen lassen.

**Was würdest du anderen raten, die in so eine Situation kommen?**

Das Wichtigste: nicht in Panik geraten! Mir hat der rechtliche Beistand sehr geholfen, vor allem dabei, nicht zu schnell klein beizugeben und nicht den erstbesten Deal anzunehmen. Oft kriegen Gekündigte im ersten Gespräch schon einen Vertrag untergeschoben. Und dann gilt: Bloß nichts auf Anhieb unterschreiben, auch nicht, wenn man unter Druck steht. Und wenn die Formalitäten erledigt sind, den Blick nach vorne richten.

**Wie hast du das gemacht?**

Ich vermied es, in Selbstmitleid zu verfallen. Ich richtete mich an meiner Frau und unseren Kindern auf. Ich hatte eine gute Ausbildung und wollte versuchen, einen neuen Weg zu finden, um meine Familie zu ernähren, ohne in dem Unternehmen bleiben zu müssen. Denn die Vorgänge dort hatten mir gesundheitlichen Schaden zugefügt. Heute kann ich leicht darüber reden, aber damals ist mir das ein paar Tage lang schwergefallen. Da ging es mir nicht gut. Ich hatte einen unruhigen Magen, schlief schlecht, war kaputt. Ich möchte nicht in der Haut von jemandem stecken, der dann monatelang zu so einem Arbeitgeber gehen muss. Das war mein großes Glück, dass ich in der Situation war, das nicht tun zu müssen. Heute bin ich total zufrieden damit, wie ich den Weg gegangen bin.

**Mein Slogan lautet: „Ich wurde gefeuert – zum Glück." Was ist dein Glück?**

Ich finde deinen Slogan so treffend und würde für mich heute auch sagen: Ich wurde gefeuert – zum Glück. Der Mensch an sich ist bequem. Oft fühlt man sich nicht wohl, aber der Drang, etwas zu verändern, hat sich noch nicht eingestellt. Der Leidensdruck ist dann noch nicht stark genug. Im Prinzip wird man erst dann tätig, wenn man keinen Ausweg mehr sieht. Und so war's auch bei mir.

# Kapitel 5: Der Mensch – innere und äußere Krisenauslöser

Miese Chefs, Mobbing, allgemeine Unzufriedenheit im Job, Überbelastung und Druck sind nur einige von unzähligen Faktoren, die dazu führen können, dass der Mensch im Unternehmen in eine persönliche Krisensituation gerät. Auf Dauer halten viele den Belastungen nicht stand. Sie leiden und erkranken im schlimmsten Fall an Burnout, Depression oder lebensbedrohlichen Herz-Kreislauf-Beschwerden oder fallen total aus.

Belastende Situationen kommen nicht nur im Berufsleben vor, auch eine private Trennung, der Tod eines Angehörigen oder die Krankheit eines nahen Verwandten kosten Kraft, Energie und können uns an unsere Grenzen bringen. Die Wahrscheinlichkeit, im Lauf des Lebens mit einem oder mehreren dieser Themen in Berührung zu kommen oder direkt davon betroffen zu sein, ist hoch.

Wir Menschen reagieren unterschiedlich auf solche Herausforderungen, die das Leben mit sich bringt. Während der eine die für ihn schwierige Zeit scheinbar mühelos meistert, droht ein anderer daran zu zerbrechen und kommt kaum wieder auf die Beine. Wieso ist das so? Wie schaffen es Menschen, sogar gestärkt aus schwierigen Lebensphasen hervorzugehen? Das Stichwort in diesem Zusammenhang ist „Resilienz".

Resilienz lässt sich aus dem Lateinischen von dem Wort „resilire" herleiten und mit „zurückspringen" übersetzen.[28] Im Deutschen steht dieser Begriff für die psychische Widerstandsfähigkeit, über die ein Mensch verfügt. Gemeint ist damit die Fähigkeit, Krisen, Niederlagen und Schicksalsschläge zu meistern und sich dadurch persönlich weiter-

---

[28] Birgit Eberle: Resilienz ist erlernbar. Wie Sie durch den Aufbau der inneren Stärke Stress bewältigen, widerstandsfähiger werden und Depressionen vorbeugen, Rendsburg 2019, Seite 9

zuentwickeln.[29] Die Art und Weise, wie wir mit extremen Belastungen umgehen, hängt auch von unserer genetischen Veranlagung ab. Wir sind unseren Genen jedoch nicht ausgeliefert. Die gute Nachricht ist: Die eigene Resilienz lässt sich stärken.[30]

Wie wir mit beruflichen Veränderungen umgehen, hängt außerdem damit zusammen, wie es zum Bruch kommt, welche Haltung wir dabei einnehmen, wie sehr wir bereit sind, zu reflektieren und uns mit unseren emotionalen Reaktionen zu befassen. Ist das Ende eines Arbeitsverhältnisses besiegelt, stehen noch die üblichen Formalitäten rund um den Ausstieg aus der Firma an: Der Mitarbeiter räumt seinen Arbeitsplatz, gibt Auto, Mobiltelefon und Schlüssel ab. Vielleicht ist er eine Zeit lang freigestellt und bezieht noch sein volles Gehalt bis zum Vertragsende.

Gleichzeitig durchlebt der ausscheidende Mitarbeiter einen emotionalen Veränderungsprozess, der mehrere Phasen umfasst. Dabei geht es kurz gesagt darum, den alten Arbeitsplatz auch innerlich loszulassen, die Trennung bestmöglich zu verarbeiten und gestärkt in die Zukunft zu schauen. Wir Menschen erleben einen solchen Wandel unterschiedlich. Die einen lassen das Alte schnell hinter sich, akzeptieren die Veränderung und richten den Blick auf die Zukunft. Für andere fühlt es sich so an, als hätten sie einen herben Verlust erlitten. Sie trauern dem Vergangenen nach, brauchen viele Monate für das Verarbeiten und tun sich schwer, wieder auf die Beine zu kommen.

Wer selbstbestimmt handelt, vollzieht den Wechsel aus freien Stücken und behält dabei das Ruder in der Hand. So kann er sich seine Handlungsfähigkeit bewahren und erhobenen Hauptes gehen. Unter diesen Umständen wird das, was vor sich geht, nicht als Niederlage oder

---

[29] Frederike P. Bannink: Praxis der positiven Psychologie, Hogrefe, Göttingen 2012, Seite 50

[30] Mathias Rudolph: Tipps für mehr Resilienz. So stärkst du deine Psyche, https://zeitzuleben.de/tipps-resilienz/, letzter Abruf am 24.9.2020; Christina Berndt: Resilienz. Das Geheimnis der psychischen Widerstandskraft. Was uns stark macht gegen Stress, Depressionen und Burn-out, München 2013

Scheitern empfunden. Eher positive Gefühle gehen mit dieser Art des Abschieds einher. Je selbstbestimmter ein Mensch sich fühlt, desto leichter wird es ihm fallen, die für ihn richtigen Entscheidungen zu treffen und die entsprechenden Maßnahmen zu ergreifen. Nicht selten führt das dazu, dass wir gestärkt aus der Krise hervorgehen. Auch wenn es manchmal nicht so wirkt: Wir können das, was passiert, oft stärker selbst steuern, als wir manchmal glauben.

Wer dagegen gezwungen wird zu gehen, landet schnell in der Achterbahn der Gefühle. Das ist vor allem dann so, wenn die Kündigung ohne Vorwarnung erfolgt oder unfair abläuft. Selbst wenn es eine Vorlaufzeit gibt und der Stellenabbau angekündigt wurde, fühlen sich viele Mitarbeiter fremdbestimmt und verunsichert. Sie sind nicht bereit, ihren vertrauten Arbeitsplatz einfach so aufzugeben. Häufig geht dies damit einher, dass sich der Selbstwert der Betroffenen verringert, sie fühlen sich gekränkt und gehen in die Opferrolle. Sie glauben, dass sie gescheitert sind und versagt haben. Schnell steht die Frage im Raum, was man selbst falsch gemacht hat, Scham kommt auf. Solche Kündigungssituationen überfordern die meisten Menschen, denn wir rechnen nicht mit den Gefühlen, die damit einhergehen.

Vielen Betroffenen hilft es, wenn sie sich schon vorab mit einer drohenden Kündigung auseinandersetzen, um vorbereitet zu sein. Das hilft, denn sie können vorab gewisse Vorkehrungen treffen und wissen, was zu tun ist, sobald es sie trifft.

## Helmut W.: Keinen Bock mehr auf das Machtgerangel

**Geburtsjahr: 1971**
**Jahr der Kündigung: 2019**
**Dauer der Betriebszugehörigkeit: 18 Jahre**
**Kündigungsgrund: Befreiungsschlag**
**Erster Gesprächstermin: Februar 2019**
**Letzter Gesprächstermin: August 2020**

*Auch Helmut W. erlebte einen beruflichen Umbruch. In den vergangenen 18 Jahren hatte er bei einem großen Automobilzulieferer gearbeitet, zuletzt als Chief Operating Officer (COO). Als Geschäftsführer einer Gesellschaft innerhalb eines Konzerns mit fünf Milliarden Euro Umsatz verantwortete er mehrere Produktionsstandorte in Europa, an denen insgesamt 1.300 Mitarbeiter beschäftigt waren. In seinem Unternehmen war der Veränderungsdruck, unter dem die Autoindustrie steht, deutlich spürbar.*

**Was ist passiert?**

Nach jahrelanger Betriebszugehörigkeit im selben Unternehmen bat ich um Auflösung meines Arbeitsvertrags und unterzeichnete einen Aufhebungsvertrag.

**Wie war es dazu gekommen?**

Die Arbeitsbedingungen wurden zum Ende hin unerträglich. Je länger ich im Unternehmen arbeitete und je erfolgreicher ich wurde, desto mehr fürchteten sich manche Kollegen in meinem Umfeld. Es gab fachlich gute und auch menschliche Vorgesetzte mit einer sehr professionellen Arbeitsweise. Mit denen machte es richtig Spaß, das Unternehmen voranzutreiben. Gleichzeitig bewegte ich mich in einem Haifischbecken mit Arschkriechern, Narzissten, Egoisten und Neidern. Über acht, neun Jahre erlebte ich Beleidigungen, Denunzierungen und Mobbing. Ich lernte mit bestimmten Dingen „umzugehen", „arrangierte mich" – oder glaubte das zumindest. In Wahrheit schluckte ich mehr, als gut und gesund für mich war. Ich erwies mich als besonders sturer Verdrängungskünstler, ignorierte eigentlich untragbare Phasen und zeigte „Stärke"!

**Warum wollten deine Gegner, dass du gehst?**

Ich stand für Offenheit, Ehrlichkeit und Transparenz. Vielen passte das überhaupt nicht. Sie sorgten sich, dass ich ihnen mit meinem Verhalten Schaden zufügen könnte. In großen Meetings stellte ich zum Beispiel unangenehme Fragen, wollte auch die Hintergründe zu den kaufmännischen Zahlen und Berichten verstehen.

Letztes Jahr spitzten sich die Dinge dann zu. Es war bekannt, dass ein neuer Chief Executive Officer, kurz CEO, kommen sollte. Diejenigen, die mir nicht wohlgesonnenen waren, hatten Angst davor, dass der neue Chef und ich uns gut verstehen würden, da wir uns vom Charakter her ähnelten. Die Bedrohung durch mich hätte sich dadurch verstärken können. Mir wurde allerdings erst im Nachhinein bewusst, dass das einer der Gründe gewesen sein könnte, warum meine Gegner gegen mich vorgingen und Unwahrheiten über mich verbreiteten. Sie forcierten meinen Ausstieg aus der Firma. Mehrere Mitglieder des Vorstands wollten mich nicht gehen lassen, sie schafften es aber nicht, mir wirkliche Alternativen zu bieten.

Am Ende führten Anfeindungen und falsche Anschuldigungen, die weder haltbar noch belegbar waren, dazu, dass ich um die Auflösung meines Arbeitsvertrags bat. Selbst ein verlockendes Angebot des neuen CEO schlug ich bei aller Liebe und Sympathie zum Unternehmen nach reiflicher Überlegung aus. Es fühlte sich einfach nicht stimmig an.

**Wie gestaltete sich die Vertragsauflösung?**

Ich rannte zehn Wochen lang der Auflösung meines Vertrags hinterher. Es fiel mir schwer, in dieser Zeit einfach abzuwarten, ob sich doch noch eine passende berufliche Aufgabe im Konzern auftun würde. Eine Zusammenarbeit mit dem neuen CEO hätte ich mir schon vorstellen können, allerdings nicht in der vergifteten Arbeitsumgebung. Ich war in dem Moment einfach noch nicht so weit, fühlte mich nicht sicher, ob ich den Abschluss wirklich wollte. Am Ende kamen die Verantwortlichen meiner Bitte nach. In einem Trennungsgespräch verhandelten wir meine Freistellung und Abfindung.

**Wie ging es dir mit dem Aufhebungsvertrag?**

Letztendlich fühlte ich mich befreit, doch es schwang auch eine große Portion Ungewissheit im Sinne von „Was kommt jetzt?" mit. In den Wochen danach berechnete ich gefühlte tausendmal, wie lange ich finanziell über die Runden kommen würde und was ich zum Glücklichsein brauchte.

**Wer war von deinem Ausstieg mitbetroffen?**

Die Familie, meine Mitarbeiter! Meine Familie unterstützte mich und bestärkte mich in meiner Entscheidung. In der Firma waren viele fassungslos. Auch für sie brach erst mal etwas zusammen. Sie hätten nie damit gerechnet, dass ich aufhören würde. Loyal waren diejenigen, die schon immer durch Charakterstärke aufgefallen waren. Es gab auch Kollegen, von denen ich nach meinem Ausscheiden gar nichts mehr hörte. Diejenigen, die meinten, dass sie von meinem Weggang profitieren, bereuen mittlerweile ihr Verhalten. Zumindest diejenigen, die sich selbst reflektieren.

**Wie war dein Stresslevel in dieser schwierigen Zeit?**

Ganz am Anfang dachte ich, dass ich nun überhaupt keinen Stress mehr hätte. Doch da machte ich mir wohl etwas vor. Dann drehte sich das Ganze und ich stand total unter Strom. Dazwischen gab es Zeiten mit niedrigem Stresslevel, in denen ich das Leben sehr genoss. Das fühlte sich an, wie eine Auszeit zu nehmen. Heute spüre ich immer wieder das „normale" Leben, manchmal bemerke ich eine gewisse Anspannung. Das gehört dazu. Aktuell würde ich meinen Stress auf einer Skala von eins bis zehn bei fünf oder sechs einordnen. Meine Schlafgewohnheiten in den letzten Monaten würde ich als normal bis katastrophal bezeichnen. Mal schlief ich gut und durch, mal wachte ich auf und grübelte. Es war ein Auf und Ab.

**Was waren deine stärksten Emotionen?**

Ich war enttäuscht, gekränkt, fuhr auf einer Gefühlsachterbahn mit Existenzangst und Erleichterung im schier unaufhörlichen Wechsel. Mein Selbstwert rutschte in den Keller. Wut und Mut wechselten sich munter ab. Die Wut richtete sich auf gewisse Leute, die eine ganz starke Rolle in der Mobbingphase gespielt hatten. Das ging mir immer wieder durch den Kopf. Insgesamt ging es weniger um das Warum des Ganzen, sondern mehr um den Ruf nach Gerechtigkeit, vielleicht eher nach dem Motto: „Kann jetzt bitte jemand kommen und die Leute verurteilen?"

**Wie hat sich das körperlich bemerkbar gemacht?**

Ich neige zu Rückenschmerzen in der Lendenwirbelgegend, die kamen dann auch. Zum Glück habe ich das gut durch Sport kompensiert. Zudem machte sich meine Neurodermitis bemerkbar. Den Druck und die Wut spürte ich stark im Brustbereich.

**Wie bist du mit der Wut umgegangen?**

Ich probierte verschiedene Sachen aus. Mal tat dies besser, mal das andere. Sicherlich trank ich hin und wieder ein paar Bier, Sport war jedoch besonders wichtig für mich. Der hat mich schon immer begleitet. In den letzten Jahren war ich viele Mountainbike-Marathons auf Leistung gefahren. Das veränderte sich etwas während der letzten Monate. Es geht jetzt weniger um Leistung, sondern mehr um die Freude beim Fahren. Der Druck ist weg. Dann gab es Momente, in denen ich für mich sein wollte. Oder ich machte einen langen Spaziergang im Wald und schrie einfach laut. Das machte ich im Auto auch schon mal, wenn keiner dabei war. Ich spürte dann einfach die ganze Wut und ließ sie raus.

## Wie haben sich die Emotionen seit dem Ausstieg verändert? Was konntest du schon loslassen?

Die Wut auf bestimmte Personen in der Firma ist weg. Die waren ganz stark daran beteiligt, dass ich am Ende ging. Ich weiß ja, dass viele Intrigen gesponnen wurden. Darüber kann ich inzwischen größtenteils lächeln, weil der Schuss tatsächlich nach hinten losging. Letztendlich waren genau diese Menschen erfolgreicher, als ich noch da war. Das ist natürlich auch für mich eine Genugtuung.

Ich spüre jetzt eher eine Traurigkeit, weil in der kurzen Zeit, seit ich weg bin, so viel kaputtging. Viele Kollegen, die bei mir direkt angesiedelt waren, denken darüber nach, das Unternehmen zu verlassen. Sie fühlen sich nicht mehr wohl. Ich bedaure, dass es das, was mir so wichtig war, nun nicht mehr gibt. Es tut mir für die Firma leid und auch für den Unternehmensgründer, weil der etwas ganz anderes vorgehabt hatte.

## Wie erging es dir auf der Suche nach einem neuen Job? Was hast du unternommen?

Insgesamt schrieb ich circa 30 Bewerbungen. Die Ausschreibungen fand ich in den gängigen Stellenportalen, auf Xing und LinkedIn. Ich bekam auch Jobangebote von Firmen, die lehnte ich jedoch ab, weil sie nicht passten. Irgendwann in der Bewerbungsphase bemerkte ich, dass ich die Bewerbungen eigentlich nur schrieb, um mein Gewissen zu beruhigen. Im Rückblick kann ich sagen, dass ich mich sogar auf viele unsinnige Stellen bewarb. Den Aufwand hätte ich mir wirklich sparen können. Irgendwann reichte es mir. Ich sah ein, dass es mir in dem Moment nichts brachte. Stattdessen fing ich an, mich mehr darauf zu konzentrieren herauszufinden, was ich zu dem Zeitpunkt wirklich wollte und was mir schon immer Spaß machte.

**Wo standest du neun Monate nach dem Ausstieg aus dem Job, im Ablösungsprozess von der alten Firma?**

Ich dachte, ich wäre schon weiter, aber ich war emotional noch sehr verbunden mit der Firma. Das machte ich daran fest, dass es mir nicht egal war, was mit der Firma geschah. Ich versuchte, möglichst wenig mitzubekommen. Doch das ließ sich nicht immer verhindern, weil ich noch Freunde und Bekannte in der Firma habe. Wenn die mir etwas über die Vorgänge dort erzählten, merkte ich, wie nah mir das ging. Die Verbindung war eben noch da.

**Wie bist du dann zu deinem neuen Job gekommen? Wie bist du an die Gespräche herangegangen?**

Das kam überraschend, aber im Rückspiegel betrachtet war es wirklich ein Glücksfall. Denn ich kam in eine Branche, die systemrelevant ist und aus diesem Grund vom Corona-Lockdown praktisch unbeschadet war und ist.

Das Erstgespräch mit dem Unternehmensgründer und CEO kam zufällig zustande, da einer meiner ehemaligen Kollegen mich wegen der Probleme und Herausforderungen in diesem extrem schnell wachsenden Unternehmen empfahl. Es war erst nicht klar, dass es um eine Festanstellung gehen sollte. Die Gespräche mit dem CEO und die Story des Unternehmens waren fantastisch. Inhaltlich ging es genau um das, was ich am liebsten tue, und worin ich mich auch schon sehr erfolgreich beweisen durfte: ein operatives Umfeld aufbauen, eine Produktion stabilisieren und den Output merklich steigern. Die Zukunftsgedanken des CEO in Richtung Smartfactory fand ich mutig, das Denken out of the box spannend.

Nach drei Wochen waren wir uns einig. Ich startete den neuen Job zum 1.1.2020 und bin jetzt als COO beschäftigt. Den gesamten operativen Bereich darf ich wirklich und vollumfänglich entwickeln. Nicht nur die Technik, sondern alles! Die Optimierungen der bestehenden und der Aufbau der zukünftigen Produktionsstätten liegen in meinem Verantwortungsbereich. Auch kann ich die Technologien maßgeblich mitgestalten und dabei meine so sehr geliebten Themen Personal- und

Organisationsentwicklung voll leben und bei der täglichen Arbeit einbringen. So bauen wir aktuell aus dem Start-up einen gesunden Mittelständler mit viel Potenzial, ganz tollen Ideen und reichlich Spaß am Gestalten.

Anfangs war es schon eine Herausforderung, in einem Unternehmen zu starten, in dem es praktisch keinerlei Strukturen und keine eindeutigen Verantwortlichkeiten gab. Mittlerweile konnten wir hier auch aufgrund der Erfahrungen, die ich mitbringe, massiv nachbessern. Mit dem neuen Team macht es nach wie vor Spaß. Der Aufbau sozialer Kontakte nach meinem Umzug wegen der neuen Aufgabe hat unter Ausgangssperre und Lockdown natürlich sehr gelitten. Das war zwischenzeitlich eine Herausforderung, die ich mit Sport und den nahe liegenden Bergen bestmöglich kompensieren konnte. Aktuell bin ich in der Form meines Lebens.

**Was hast du mitgenommen aus dieser Zeit des Umbruchs? Wie hast du dich verändert?**

Verdammt viel. Und darüber freue ich mich. Ich habe ein positives Gefühl in mir, weil ich dem vorherigen Unternehmen gegenüber eine große Dankbarkeit verspüre für das, was ich dort lernen und wie ich mich entwickeln durfte. Organisations- und Personalentwicklung ist mir wichtig. Der Mensch steht im Mittelpunkt. Es kommt auf die Werte, die Identität und das Zusammenarbeiten an. Dazu gehört auch, wie wir uns begegnen, wie wir miteinander umgehen. Das ist es, was ich gelernt habe, was ich zukünftig für mich behalten und auch gerne weitergeben möchte. Um es mit Wilhelm von Humboldt zu sagen: „Im Grunde sind es immer die Verbindungen mit Menschen, die dem Leben seinen Wert geben."

**Mein Slogan lautet: „Ich wurde gefeuert – zum Glück." Was ist dein Glück?**

Mein Glück ist das Leben und das Vertrauen in die Zukunft. Ich bin mir einfach unerschütterbar sicher, dass am Ende alles gut wird. Sonst ist es noch nicht das Ende.

# Christian K.: Mit Burnout in die Klinik

Geburtsjahr: 1984
Jahr der Kündigung: 2017
Dauer der Betriebszugehörigkeit: 17 Jahre
Kündigungsgrund: nach Burnout per Stellenabbauprogramm
Erster Gesprächstermin: November 2017
Letzter Gesprächstermin: April 2020

*Der IT-Spezialist Christian K. startete seine Ausbildung zum Fachinformatiker in einem international agierenden Konzern. Nach dem erfolgreichen Abschluss folgten Tätigkeiten im In- und Ausland sowie ein Bachelor- und Masterstudium. Insgesamt arbeitete er 17 Jahre dort. Im Rahmen seiner letzten Position als IT-Experte wurde er ins osteuropäische Ausland entsendet.*

**Was waren deine Aufgaben im Konzern?**

Ich vertrat das regionale IT-Management (EMEA), war also für den Wirtschaftsraum Europa, Naher Osten und Afrika zuständig. Vor Ort baute ich ein IT-Center auf und machte dafür auch das Employer-

Branding. Gleichzeitig gehörte es zu meinen Aufgaben, die Arbeitsplatzsituation vor Ort zu stabilisieren und zu verbessern, interdisziplinär mit anderen Funktionen zusammenzuarbeiten und funktionsübergreifende sowie konzernweite strategische Projekte zu leiten.

**Was ist passiert?**

Immer mehr Arbeit wurde auf zu wenige Mitarbeiter abgewälzt. Ich konnte mich nicht genug abgrenzen und rutschte in einen Burnout. Es gab wiederholt interne Wechsel in der Führungsriege. Immer wieder wurden neue Herangehensweisen eingeführt, die den Arbeitsaufwand potenzierten. Gleichzeitig mangelte es an Führung und Unterstützung. Am Ende versuchte ich die Aufgaben von drei Mitarbeitern zu erledigen. Das war zu viel, von heute auf morgen zeigte mir mein Körper, dass es so nicht mehr weitergehen konnte.

**Gab es Anzeichen für deinen Burnout?**

Ja, Schlaflosigkeit zum Beispiel. Und dass ich nur noch versuchte, das, was anstand, irgendwie zu managen. Ich wusste, dass es vorne und hinten nicht reichte, machte viele Überstunden. Meine Gedanken waren immer bei der Arbeit, auch am Wochenende konnte ich nicht abschalten. Eines Nachts konnte ich dann so gut wie gar nicht schlafen, war total fertig. Ich wusste nicht mehr, was ich machen sollte, und mir wurde schlagartig klar, dass es so nicht weitergehen konnte. Dass ich einen Burnout hatte, wusste ich da nicht. Erst als ich eine Checkliste hierzu im Internet durchging, stellte ich fest, dass ich zu 99 Prozent die Kriterien dafür erfüllte.

**Was hat die Krankheit mit dir gemacht?**

Ich wusste erst nicht, dass ich krank war. Inzwischen weiß ich, dass Burnout so wirkt: Mein Körper reagierte nicht mehr auf mich. Er haute die Bremse rein. Ich realisierte nicht mal, dass er das machte. Nichts funktionierte mehr. Ich wollte rechtzeitig aufstehen, aber das klappte nicht. Ich machte permanent Fehler. Mir passierten Missgeschicke. Mein Körper wollte mich wachrütteln. Und ich fiel in ein Riesenloch.

Am Ende sorgte meine Erkrankung dafür, dass ich merkte, wie wichtig es wäre, mir Freiräume zu schaffen.

**Was rätst du anderen, die kurz vor dem Burnout stehen oder schon mittendrin sind? Wie kommt man da wieder heraus?**

Schnell die Bremse ziehen! Und eine neue Haltung à la „Einen Scheißdreck muss ich!" finden. Das Einzige, was wir tun müssen, ist atmen, essen und trinken. Wichtig ist nach meiner Erfahrung, sich klarzumachen, dass die Firma einem nicht gehört und es immer andere Lösungen gibt. Und sich das eigene Leben anzuschauen und vielleicht etwas von dem materiellen Komfort, den man sich erarbeitet hat, gegen mehr Lebensqualität, Freizeit und Spaß einzutauschen. Weniger ist mehr und Geld allein macht nicht glücklich.

Allein wäre ich nicht klargekommen. Mein Arzt half mir: Er sprach mit mir darüber, was gerade passierte und was ich tun konnte. Ich fühlte mich richtig schlecht und dachte, ich hätte versagt. Um dem zu begegnen, musste ich mich von der falsch verstandenen Loyalität gegenüber der Firma und den Kollegen verabschieden. Ich dachte: „Die müssen das jetzt machen, mehr arbeiten und so. Und ich kann einfach nicht mehr, ich bin zu blöd. Ich krieg nicht mal meine Projekte hin." Ich war überzeugt, nichts mehr wert zu sein, hatte keine Kraft mehr. Später verstand ich, dass man in einem solchen Moment nicht arbeitsfähig ist. Das funktioniert nicht. Vor allem brauchte ich genug Zeit, um mich zu regenerieren.

**Wie kam es zum Jobende?**

Durch eine Veränderung bei meinem Arbeitgeber ergab sich die Chance, ein Stellenreduktionsprogramm zu nutzen. Ich nahm die Gelegenheit während meiner Krankheit wahr und stieg aus. Dieser Entschluss trug wesentlich zu meiner Genesung bei.

**Wie lief die Kündigung ab?**

Während ich krank war, wurde ich via Post grundsätzlich über die Umstrukturierung der Firma informiert. Ich erfuhr, welches Rahmenpaket es geben würde und dass das Abfindungsprogramm auf Freiwilligen-basis lief. Einige Wochen später fragte mich mein Chef, ob das für mich infrage kommen würde. Nach langem Hin und Her mit der Personalabteilung half mir letztendlich der Betriebsrat dabei, das Thema kurzfristig zu einem Abschluss zu bringen.

**Wie hast du in dieser Situation reagiert? Und was war deine stärkste Emotion?**

Ich war einerseits enttäuscht und traurig, andererseits froh, dass sich ein Ausweg abzeichnete. Am tiefsten ging bei mir die Traurigkeit über die geringe Wertschätzung. Schließlich war ich dem Arbeitgeber gegenüber 17 Jahre lang sehr loyal gewesen.

**Wer in deinem persönlichen Umfeld war von deinem Jobverlust betroffen?**

Eigentlich war außer mir nicht wirklich jemand betroffen, ich war ja bereits krank zu Hause. Mein Umfeld zeigte Verständnis und freute sich für mich.

**Wie bist du mit der Situation umgegangen? Was würdest du heute anders machen?**

Ich hätte früher den Betriebsrat einschalten sollen. Zuvor hatte ich zu lange mit einer HR-Mitarbeiterin diskutiert. Sie verhielt sich vermutlich in ihrem vorgegebenen Rahmen richtig und war total unerfahren im Umgang mit Personen im Burnout.

**Wer oder was hat dir in der Situation geholfen?**

Unterstützung gaben mir meine Familie, meine Psychologin und der Betriebsrat.

**Du hast einen Aufhebungsvertrag unterzeichnet. Wie ging das vor sich?**

Das war ein ewiges Hin und Her. So waren bei der Berechnung der Abfindung anfangs nur zwei Jahre meiner insgesamt 17-jährigen Tätigkeit angerechnet worden. Ich hatte mitbekommen, dass andere Kollegen viel mehr bekommen hatten, obwohl sie noch gar nicht so lange in der Firma waren. Ich diskutierte dann mehrmals mit der zuständigen Personalmitarbeiterin. Nach zwei, drei Wochen, einen Tag vor ihrem Urlaub, kam dann heraus, dass bei mir gewisse Zeiten nicht im System erfasst waren, zum Beispiel Phasen vor dem Studium. Ich beantragte eine Neuberechnung, doch die Mitarbeiterin war im Urlaub. Daraufhin wendete ich mich an den Betriebsrat und bekam Unterstützung. Letztendlich wurden dadurch nicht nur zwei, sondern zehn Jahre meiner 17-jährigen Tätigkeit berücksichtigt.

**Hattest du eine Rechtsschutzversicherung?**

Ja, allerdings war sie in meinem Fall nicht von Nutzen. Sie griff nicht, da nach Ansicht der Versicherung kein Schaden entstanden war und ich das Angebot freiwillig angenommen hatte. Nicht mal ein ärztliches Attest, das mir davon abriet, wieder zum Arbeitgeber zurückzugehen, konnte sie zur Unterstützung bewegen. Insbesondere in meiner Situation wäre es sehr hilfreich gewesen, wenn ich das Thema einfach hätte abgeben können.

**Wie hast du dich durch diese persönliche Krise verändert?**

Jetzt zum Ende meines Burnouts weiß ich viel mehr über mich, warum Dinge sind, wie sie sind. Ich kann sie besser annehmen und gehe bewusster durch mein Leben. Von daher bin ich dankbar, dass es so gekommen ist.

**Wie ging es dir nach dem Ausstieg aus der alten Firma?**

Ich nahm mir viel Zeit, um wieder gesund zu werden.

**Was hast du bei der Suche nach einem neuen Job erlebt?**

Diese Zeit war geprägt von Hochs und Tiefs. Und ich war erst 18 Monate nach meinem Ausstieg bereit für eine berufliche Neuorientierung. Ich begann mit der Stellensuche und sendete kurze Zeit später die erste Bewerbung ab. Leider waren kaum Stellen, auf die ich mich bewerben wollte, vorhanden, es ging auf das Jahresende zu. So gab ich der Thematik Projektleiter im internationalen Kontext eine Chance. Jedoch stellte ich im Vorstellungsgespräch fest, was für mich eigentlich dagegenspricht, und verstand besser, was mir im Leben wichtig war. Auch die Bewerbung als Consultant und das Interview hierzu bestätigten mich in meiner Vermutung, dass diese Art von Aufgabe nichts für mich wäre. Ähnlich verhielt es sich mit einer disziplinarischen Führungsposition, auch dies hätte aktuell einfach nicht gepasst.

Mit jedem Bewerbungsgespräch wurde mir klarer, was ich wollte und was nicht. Dann kam die Weihnachtszeit und der Bewerbungsprozess geriet etwas ins Stocken, die Stellenausschreibungen wurden rarer. Es fiel mir schwer, endlich mal abzuschalten, denn ich hatte mir vorgenommen, pro Woche zwei bis drei Bewerbungen zu versenden. Ich wurde ungeduldig, da ich schon längst wieder einen neuen Job hätte haben wollen.

Bei meiner Stellensuche nutzte ich die gängigen Jobportale, Businessnetzwerke wie LinkedIn und Xing und kontaktierte einen Headhunter. Meine neue Stelle fand ich allerdings auf einer Jobmesse. Es gab dort über 100 Aussteller, darunter drei bis sieben potenziell interessante Arbeitgeber für mich. Am Messestand kam ich mit meinem jetzigen Vorgesetzten ins Gespräch. Ich sprach mit ihm über meine Erfahrungen und Erlebnisse, woraufhin er mir eine Stelle als Senior-IT-Architekt vorschlug – nicht das, was ich selbst in Visier genommen hatte. Rückblickend kann ich sagen, dass mich die Thematik schon mein ganzes Leben begleitete, ich hatte sie nur nie als Jobmöglichkeit wahrgenommen.

**Hast du bei den Bewerbungen angegeben, dass du einen Burnout hattest und in der Klinik warst?**

Nein. Mir wurde von allen Seiten davon abgeraten, daher habe ich die Erkrankung im Lebenslauf nicht angegeben. Im Gespräch geriet ich dann in ein Dilemma, ich wollte ja ehrlich antworten – aber meinem Gegenüber nicht gleich auf die Nase binden, dass ich einen Burnout gehabt hatte. Ich sagte am Ende dann, dass ich ein Sabbatical genommen hätte.

**Wenn du auf das vergangene Jahr zurückblickst, welche Schlagwörter beschreiben am besten deine Situation?**

Planlosigkeit, Euphorie, Rückschläge und Enttäuschung, auf der anderen Seite Zuspruch, Bestätigung sowie wachsendes Selbstvertrauen.

**Was hast du getan, um beruflich wieder auf die Beine zu kommen?**

Ich ging offen auf alles zu und probierte Neues aus, dabei blieb ich stets meinen Werten treu. Es war gut, nichts erzwingen zu wollen, ich machte nur das, was sich richtig anfühlte.

**Welche Werte sind dir in der Berufswelt wichtig? Was geht gar nicht?**

Wichtig sind mir im Arbeitsleben: Ehrlichkeit, Achtung, Respekt, Offenheit für Neues, angemessene Bezahlung und menschlicher Umgang. Gar nicht gehen Schwammigkeit und gegenseitiges Ausspielen.

**Wie war dein Stresslevel in der Bewerbungsphase?**

Schwankend. Teilweise war ich sehr entspannt, und zwar dann, wenn alles gut zu laufen schien. Mein Stresslevel in den ersten Bewerbungsgesprächen war jedoch erhöht. Mit jedem Mal entspannte ich dann, da mir mehr und mehr bewusst wurde, was ich wollte. Die ersten Gespräche, die vielleicht nicht ganz so liefen, wie ich mir das gewünscht hätte, sah ich als Chance zum Lernen und Verstehen. Ein guter Bekannter meinte zu mir: „Schau dir zunächst auch Firmen und Stellen an, die du nicht magst, nicht in Betracht ziehst oder die dir nicht so wichtig sind und lerne aus deinen Erfahrungen." Diesem Ansatz folge ich mittlerweile in vielen Bereichen, zum Beispiel bei den Jobmessen, indem ich zuerst zu der Firma ging, die mich weniger interessierte. Dort konnte ich im Gespräch kleinere Fehler machen, das bemerken und bei nächster Gelegenheit etwas verändern.

**Wie haben sich deine Emotionen seit dem Ausstieg verändert?**

Die Angst davor, nichts zu können und nichts wert zu sein, konnte ich inzwischen loslassen. Und ich habe gelernt, nicht mehr alles nur mit mir selbst auszumachen, sondern meine Themen offen anzusprechen.

**17 Jahre sind eine lange Zeit. Was denkst du, wie sehr konntest du dich schon von der alten Firma lösen?**

Mit meinem alten Chef möchte ich immer noch nichts zu tun haben, mit einem mir wichtigen Arbeitskollegen habe ich ab und zu Kontakt.

**Welche Erkenntnisse hast du für dich aus dieser Zeit mitgenommen?**

Ich bin anders und ich bin gut so, wie ich bin. Und ich weiß, dass nicht nur die Arbeit wichtig ist, sondern auch Familie, Freunde und Spaß. Ich gehe bewusster durchs Leben und reflektiere über Dinge, ohne bis zum Umfallen darüber zu grübeln. Zum Praktischen: Ich nehme mir in der Regel jeden Tag zwei bis drei Themen vor, die ich angehen möchte. Jedoch ist es auch in Ordnung, wenn ich mich mal treiben lasse und Ziele nicht erreiche.

**Wie sieht dein Leben jetzt aus?**

Ich habe mich um meine Gesundheit gekümmert, abgenommen, mir einen Freundeskreis aufgebaut und gehe einmal die Woche zum Bouldern. Gerade ziehe ich in eine andere Stadt um, wohne seit zwei Monaten bei meiner neuen Freundin und bin sehr glücklich.

**Mein Slogan lautet: „Ich wurde gefeuert – zum Glück." Was ist dein Glück?**

Vor zwei Jahren lag ich am Boden. Ich wusste nicht genau, was ich konnte und was ich machen wollte in der Zukunft. Gleichzeitig plagten mich richtige Existenzsorgen. Ich war nicht sicher, ob ich überhaupt einen Mehrwert lieferte, hatte keine Perspektive. In dieser für mich sehr schweren Zeit habe ich viel über mich gelernt.

Mein Glück ist, dass ich in den letzten Monaten einen Ausweg aus dem Dunkel fand, mich befreite und jetzt ein neues Leben starten kann. Und dass ich zu mir selbst fand. Nach fast zwei Jahren Krankheit mit einem mehrwöchigen Klinikaufenthalt stehe ich nun an einem Punkt, an dem ich mich wieder auf die Arbeit in einem neuen Unternehmen freue, Spaß habe und vor allem bewusster durch mein Leben gehe.

# Isabel M.: Raus aus dem Hamsterrad

Geburtsjahr: 1975
Jahr der Kündigung: 2013
Dauer der Betriebszugehörigkeit: zehn Jahre
Kündigungsgrund: Wunsch nach radikaler Veränderung
Erster Gesprächstermin: Dezember 2018
Letzter Gesprächstermin: August 2020

*Ganz und gar neu orientierte sich Isabel M., Projektmanagerin in einem Telekommunikationskonzern, nach ihrem freiwilligen Ausstieg. Sie ging nach zehn Jahren aus freien Stücken, weil sie nicht mehr weitermachen wollte. Seit vielen Monaten fühlte sie sich nur noch müde, hatte viel zu lange schon viel zu viel gearbeitet, spürte immer mehr, dass sie ihren Werten nicht mehr folgte, und die Vorstellung, weiter im Konzern aufzusteigen, reizte sie überhaupt nicht mehr. Als dann noch ihr Schwiegervater und ihre Oma starben, war ihr klar: Jetzt oder nie, das Leben kann so schnell vorbei sein.*

**Was war dein Verantwortungsbereich im Unternehmen?**

Als drei Unternehmensteile zu einer neuen Firma zusammengeführt wurden, war klar, dass wir für ein paar Jahre massiv mit Um- und Abbau, aber auch Neuaufbau zu tun haben würden. Zusammen mit ein paar Kollegen wurde ich abgeworben und wir bildeten ein kleines Projektteam in diesem neuen Unternehmen. Meine ehemalige Chefin und ich schufen die Rahmenbedingungen für diese Veränderungen: Wir entwickelten Prozessstrukturen, regelten die arbeitsrechtlichen Dinge und verhandelten mit der Gewerkschaft einen geeigneten Sozialplan für diejenigen, die von dem Wandel betroffen waren. Das war eine spannende Zeit, weil man in so großen Firmen nur selten in die Situation kommt, eine grüne Wiese zu bearbeiten. Als auch die Geschäftsführung merkte, dass sie uns vertrauen konnte, ließ sie uns relativ freie Hand.

Es gab so viel zu tun, dass ich normalerweise nicht vor 19:00 oder 20:00 Uhr aus dem Büro kam. Als dann immer mehr Personal abgebaut wurde, mussten wir mit immer weniger Leuten die gleiche Menge an Arbeit stemmen, manchmal war sogar noch mehr zu tun. Wenn du in diesem Fahrwasser einmal drin bist, sagst du dir selbst: Na ja gut, das läuft ja irgendwie. Selbst als mein Partner mir schon die dunkelgelbe Karte zeigte, dachte ich immer noch, dass ich alles hinbekommen würde.

Dann wechselte meine Chefin auf einen höheren Posten und ich hatte zehn Tage Zeit, mir zu überlegen, ob ich die Nachfolge antreten wollte. Ich war erst überhaupt nicht überzeugt. Führungskraft hatte ich nie werden wollen. Ich hatte viel Respekt vor der Aufgabe, dachte aber nach ein paar Tagen: „Wenn ich diese Aufgabe nicht offiziell übernehme, muss ich sie ja wahrscheinlich trotzdem erfüllen. Ich war doch ohnehin im Nachfolgeplan gesetzt. Ohne mehr Geld zu bekommen, würde ich die ganze Last tragen und am Ende jemanden einarbeiten, der die Themen nicht so gut kennen kann wie ich, weil wir als Team das Ganze ja ganz neu aufgebaut hatten." Also sagte ich zu. Und über Nacht war ich in der Situation, dass ich nur noch mit dem halben Team dastand. Ich war als Teamleitung nachgerückt, eine Kollegin war gegangen und eine andere fiel drei Monate vor dem errechneten Geburtstermin aus, weil das Kind zu früh kam. Letztendlich waren wir nur noch zu viert.

**Wie ging es dir in dieser Situation? Was hast du angesichts der neuen Aufgabe empfunden?**

Im Rückblick kann ich nur sagen: Ich habe keine Ahnung, wie ich das schaffen konnte. Die Arbeitsbelastung ging definitiv sehr weit über die Grenze dessen hinaus, was gesund ist. Ich würde heute sagen, dass sich das ungefähr drei Ligen über dem bewegte, was ich eigentlich machen konnte und wollte. Und das Verrückte war, ich machte es tatsächlich, und zwar drei Jahre lang. Ich weiß auch, dass ich gut war, denn ich bekam sehr positive Bewertungen.

Allerdings tat mir diese Arbeit nicht gut und war gar nicht mein Ding. Ich kam mir zwischendurch immer mal wieder vor wie ein Pinguin in der Wüste. Du machst die Augen auf und denkst dir, wie bin ich denn hier gelandet? Du hast zwar einen Tropenhelm und eine gute Ausrüstung, aber: ernsthaft?

**Wie ist es dir gelungen, Job und Familie unter einen Hut zu bringen?**

Das war wirklich sehr anstrengend. Ich lebte privat in einer Patchwork-Situation. Mein Mann hat zwei Kinder aus erster Ehe und stammt aus den USA, sodass immer wieder hin- und hergeflogen wurde. Ich hatte in dieser Phase das Gefühl, dass ich ständig nur müde war. Ich rannte meinen To-do-Listen hinterher – beruflich wie privat – und fragte mich: „Wie lange willst du denn so weitermachen?" Als ich darüber nachdachte, vielleicht intern zu wechseln, merkte ich, dass mich das nicht reizte. Es wäre zwar sehr steil nach oben gegangen, aber diese Vorstellung gab mir so gar nichts, ganz im Gegenteil. Und dann war ich drin, im Prozess des Denkens: „Oh Gott, aber wenn es nicht das ist, was wird es dann?" Und dann natürlich die Sprüche, die ich vor allem in so einem Konzern zu hören bekam: „So einen Job findest du nicht noch mal." Und das stimmte natürlich.

**Was passierte dann?**

Der Konzern kam mir vor wie ein fantastischer goldener Käfig. Es wurden sehr gute Gehälter gezahlt, sie lagen zum Teil deutlich über dem marktüblichen Niveau für ähnliche Positionen. Es gab vielfältige Möglichkeit zu wechseln, um sich auszuprobieren, ohne all das, was man sich aufgebaut hatte, hinter sich lassen zu müssen – die Erfahrungen, den Ruf, das Netzwerk. Deswegen blieben so viele. Ich erlebte das in all den Organisationen, die ich begleitete, oft mit. Zwar werden manche Leute zynisch – das ist eigentlich furchtbar –, aber sie wissen, sie können es sich nicht leisten auszusteigen. Denn sie haben Familie und sind an einen bestimmten Lebensstandard gewöhnt. Sie glauben, es geht nicht mehr anders. Sie denken, sie kommen in ihrem Alter einfach nirgendwo anders mehr unter, nach 20 Jahren im Konzern. So wollte ich nicht enden.

Mir wurde immer klarer, dass ich das so nicht mehr aushalten konnte. Am Ende kam ich an den Punkt, an dem ich glaubte, dass ein interner Wechsel nicht reichen würde. Und dann wusste ich, dass ich ganz heraus musste aus der Situation. Selbst wenn ich zu der Zeit noch gar nicht wusste, was danach kommen würde, manchmal hilft ja auch das Schicksal nach.

**Wie hast du deinen Ausstieg aus dem Unternehmen bewerkstelligt?**

Dadurch, dass ich so nah beim Vorstand arbeitete, wusste ich, dass ein Abbauprogramm inklusive Abfindung geplant war. Das machte mir die Entscheidung leichter. Ich wusste nicht, ob ich dafür infrage kam. Aber sobald die Kommunikation darüber im neuen Jahr angelaufen war, war ich die Erste, die meinem Chef eine E-Mail schickte.

**Der ist dann aus allen Wolken gefallen, oder?**

Ja, tatsächlich. Und das, obwohl ich vorher schon eindeutige Ansagen gemacht und mit ihm immer sehr klar kommuniziert hatte. Das ist, glaube ich, wichtig in solchen Situation. Ich war einfach durch und vermittelte ihm das auch. Wir führten ein Gespräch nach dem Motto: „Ich werde gehen. Ich bin entschlossen und ich hoffe, wir können das jetzt professionell wie erwachsene Menschen regeln. Ich kenne den Prozess." Und das verstand er schließlich.

Mein Chef bat sich Bedenkzeit aus, aber am Ende brauchten wir nur noch ein Gespräch zu führen. Als Einzige wurde ich dann nicht direkt freigestellt, weil meine Tätigkeit erfolgskritisch war. Zu dem Zeitpunkt hielt ich ja in vier Großprojekten zur Reorganisation tausender Mitarbeiter praktisch die Fäden zusammen. Mit einem Wissen, das es nur bei uns in der Abteilung gab.

**Was hast du in den letzten Monaten gemacht? Wie bist du aus dem Unternehmen herausgegangen?**

Es gab viele, die den Löffel fallen ließen und plötzlich weg waren. Das kann man so machen, ich bin aber anders. Ich möchte mir selbst im Spiegel in die Augen schauen können. In meinem Team arbeiteten zu dem Zeitpunkt nur Frauen, die meisten berufstätig in Teilzeit mit Kindern. Zusammen hatten wir unsere Aufgaben immer irgendwie gewuppt. Für mich war klar: Wenn ich einfach gehen würde und sagen, nach mir die Sintflut, müssten die anderen das ausbaden. Ich suchte dann selber einen Nachfolger, arbeitete ihn ein und hinterließ alles so, dass ich das Gefühl hatte, das Team kann weiterarbeiten, ohne Schiffbruch zu erleiden. Erst danach ging ich erhobenen Hauptes mit dem Wissen, alles vernünftig abgewickelt zu haben.

**Wie sah dein Abschiedspaket aus?**

Inhalt waren eine Abfindungszahlung und Sitzungen bei einer Outplacement-Beratung, die dabei helfen sollten, zeitnah eine neue Anstellung zu finden.

**Wie war dein letzter Arbeitstag? Welche Gedanken kamen beim Abschied hoch?**

Es war eine Mischung aus „Endlich geschafft!" und „Okay, es gibt immer noch 20.000 Sachen, die du nicht auf die Kette bekommen hast". Meine Mitarbeiterinnen und mein Team machten mir tolle Geschenke. Das berührte mich wirklich sehr. Wehmut empfand ich nicht. Danach gab es nicht einen Tag, nicht eine Sekunde mit dem Gedanken, hätte ich das mal nicht getan. Für mich war diese Entscheidung genau richtig. Das sage ich auch ganz oft – vor allem, wenn sich Leute manchmal so halb entschuldigen, weil sie immer noch dabei sind. Und ich finde das wirklich völlig okay. Es muss ja nicht jeder seinen Job hinschmeißen und radikal etwas anderes machen.

**Woher kam diese tiefe Erschöpfung? Was war bei dir im Job los?**

Über viele Jahre hinweg hatte ich weder lange genug noch gut genug geschlafen. Oft kam ich erst um 21:00 Uhr aus dem Büro, und das mit 5.000 Umdrehungen im Kopf. Eigentlich hätte ich dann gleich ins Bett gehen sollen, um am nächsten Tag wieder leistungsfähig zu sein. Aber ich hatte ja noch meinen Partner und meine Familie. Zum Glück ernährte ich mich schon immer gesund und sorgte für einen Ausgleich, zum Beispiel durch regelmäßige Shiatsu-Sitzungen. Sonst wäre ich wirklich umgefallen.

Erst jetzt, mit viel zeitlichem und räumlichem Abstand, merke ich, wie viel Stress und Druck ich im Job hatte. Ich war bei der Arbeit ja keine Sekunde zur Ruhe gekommen, war nur in Meetings und Telefonkonferenzen gewesen. Es handelte sich schließlich um Projektgeschäft. Da konnte ich um 17:00 Uhr nicht einfach sagen, ich gehe jetzt, wenn am nächsten Tag zum Beispiel ein Standort mit 3.000 Mitarbeitern eröffnet werden sollte.

Zum Glück hatte ich keinen Zusammenbruch. Aber ich unterschätzte komplett, wie lange es dauern würde, meine Energiereserven wieder aufzufüllen. Du kannst deinen Körper nicht zehn Jahre abarbeiten und erwarten, dass nach drei Monaten wieder alles tiptop ist.

**Du bist dann aus dem Job komplett ausgestiegen. Wie ging es danach weiter?**

Die Zeit danach war für mich sehr gemischt. Der ganze Bürokratiekram nervte mich. Ich musste mich unter anderem um eine neue Krankenversicherung kümmern und mich bei der Bundesagentur für Arbeit melden. Diesen gefühlten Druck und diese Erwartungshaltung, dass du in kürzester Zeit wissen solltest, was du als Nächstes vorhast, habe ich als sehr anstrengend empfunden.

Dann kam der Moment, in dem ich die Reißleine zog. Ich wollte mich nicht in irgendetwas hineindrängen lassen. Ich wusste, dass ich nicht wieder einfach Projektarbeit irgendwo im Personalbereich machen wollte! Vielmehr wollte ich gerne eine neue Arbeit finden, die für mich sinnstiftend ist und bei der die Menschen respektvoll behandelt werden. Als ich das erkannt hatte, nahm ich mir eine Auszeit. Ich bin mit meinem Mann zweieinhalb Monate auf Weltreise gegangen. Das war eine ganz tolle Zeit. Wir saßen oft da und freuten uns, zum Beispiel, als wir an einem unberührten Strand saßen und einfach ein Butterbrot aßen, ganz ohne Luxus – was für ein Geschenk.

**Du bist ja heute freie Rednerin mit dem Schwerpunkt Trauerfeiern. Wie kam es dazu?**

Nach ungefähr eineinhalb Jahren begann dann die berühmte Phase der Neuorientierung: „Hallo Schicksal, ich wäre dann mal soweit." Im Nachhinein muss ich sehr lachen, wenn ich daran denke. Damals sagte ich mehrmals, wenn mir noch mal jemand mit dem Spruch kommt: „Du kannst deine Bestimmung nicht finden, sie findet dich, wenn du dafür bereit bist", kriege ich einen Schreikrampf.

Aber natürlich lief es exakt so. Bei einer ehemaligen Mitarbeiterin gab es recht kurz hintereinander zwei Trauerfälle, die große Betroffenheit auslösten. Als ich sie besuchte, erzählte sie mir, dass die Familie gerne einen bestimmten freien Redner für die Trauerfeier engagiert hätte, der war jedoch schon für lange Zeit komplett ausgebucht. An dem Abend saß ich mit einer anderen Freundin bei einem Glas Wein zusammen. Ich erzählte ihr, dass ich etwas ganz Verrücktes gehört hätte: dass es freie Trauerredner gibt. Meine Freundin meinte, sie fände das gar nicht verrückt. Sie wiederum hatte nämlich eine Freundin, die darin gerade eine Ausbildung gemacht hatte – vor allem Frauen seien ziemlich gefragt.

Ab da ratterten bei mir die Gedanken. Ich recherchierte und stieß auf jemanden, der beruflich als Trauerredner aktiv war und auch Seminare

gab. Ich kontaktierte ihn und durfte ihn schon bald bei einer Trauerfeier begleiten. Das sollte eine Art Test sein, um zu erleben, wie das ist
und ob mich das wirklich anspricht. Anschließend belegte ich einen
Kurs bei eben diesem Trauerredner. Das Seminar dauert zehn Stunden, danach war ich fit. Auch mein Ausbilder war am Ende sehr begeistert und meinte, das sei total mein Ding. Ich würde alles mitbrin-
gen und zudem viele Sprachen sprechen. Er hätte ein ausgesprochen
gutes Gefühl.

Einige Zeit später konnte ich glücklicherweise als seine Urlaubsvertre-
tung einspringen. Bereits in den ersten Wochen danach ergaben sich
fünf oder sechs Jobs. Die waren alle etwas ungewöhnlich, ich redete in
verschiedenen Sprachen.

Meine alte Arbeit im Konzern war die perfekte Vorbereitung auf diesen Job gewesen. Ich hatte unzählige Veranstaltungen für das Top-
Management vorbereitet, dabei hatte ich Inhalte aufbereitet, die Mo-
derationsleitfäden geschrieben und selbst moderiert.

**Was bedeutet es für dich heute, eine Abfindung bekommen zu
haben?**

Bei einer selbstständigen Tätigkeit gibt es manchmal Phasen, in denen
es weniger gut läuft. Dann beschäftigt mich mein schlechtes Gewissen
und ich denke: „Was machst du denn? Verprasst du jetzt einfach dein
Geld?" Wenn ich kein Einkommen habe, lebe ich von meinem Erspar-
ten. Dann muss ich mich immer wieder daran erinnern, dass meine
Abfindung wirklich sehr gut war und ich deshalb einiges auf der hohen
Kante habe.

Mein Guthaben sehe ich ein Stück weit als Schmerzensgeld, das es mir
ermöglicht nachzuholen, was ich im Leben vorher verpasst habe. Für
mich sieht es so aus: Ich war Führungskraft auf einer sehr hohen Ebene und habe es danach sehr genossen, mich über drei Monate hinweg
morgens mit einem Kaffee auf den Balkon zu setzen und am Nachmittag Marmelade einzukochen, weil ich das in den zehn Jahren davor
nicht geschafft habe.

**Was würdest du anderen raten, die ihren Job aufgeben und etwas ganz Neues machen?**

Der spanische Dichter Antonio Machado schrieb: „Beim Gehen entsteht der Weg." Es kann lähmend und sehr beängstigend sein, etwas Altes loszulassen, bevor sich schon konkret etwas Neues ergeben hat. Aber in dem Dazwischen kann sich so viel entwickeln, wenn dafür Zeit und Raum ist. Immens wichtig finde ich, sich beides zu nehmen: Zeit und Raum.

Es ist auch völlig in Ordnung, erst mal einen Umweg zu machen, Zwischenschritte zu gehen. Der nächste Job muss nicht die totale Erfüllung bringen oder für die Ewigkeit sein. Schlimmer wäre es, in einem Job zu bleiben, der einem nicht guttut, und das allein aus Sorge, es könnte nichts Besseres nachkommen.

**Was würdest du heute anders machen, wenn du noch mal in der gleichen Situation wärst?**

Damals habe ich mich doch oft alleine gefühlt, denn ich kannte niemanden, der einen ähnlich ungewöhnlichen Weg gegangen ist. Es hätte mir geholfen, mich mit mehr Menschen auszutauschen, die auch so etwas durchlebt haben, vielleicht schon einen Schritt weiter waren. Heute würde ich mich mehr darum bemühen, Gleichgesinnte zu finden. Und ich würde mir mehr Unterstützung holen für den Ablösungs- und Trauerprozess, bei dem man ja nicht nur seine beruflichen, sondern auch viele persönliche und emotionale Themen bearbeitet, die zum Teil sehr tief gehen.

**Mein Slogan lautet: „ich wurde gefeuert – zum Glück." Was ist dein Glück?**

Mein Glück ist, dass ich auf meine innere Stimme hörte und mutig den goldenen Käfig verließ. Am Ende des Lebens wäre es meiner Meinung nach viel tragischer zu bereuen, etwas aus Angst nicht wenigstens versucht zu haben, anstatt einen ungewöhnlichen Weg zu gehen, auch mal hinzufallen und wieder aufzustehen.

# Thorsten B.: 190 Bewerbungen – nur Absagen

Geburtsjahr: 1964
Jahr der Kündigung: 2018
Dauer der Betriebszugehörigkeit: vier Jahre
Kündigungsgrund: Kostenreduzierung im Vertrieb
Erster Gesprächstermin: Januar 2019
Letzter Gesprächstermin: August 2019

*Als Account-Manager war Thorsten B. bei einem Unternehmen beschäftigt, das mobile und modulare Messesysteme produzierte. Vor einigen Jahren hatten dort noch 14 Außendienstler deutschlandweit gearbeitet, doch der Vertrieb war in der Folgezeit sukzessive abgebaut worden. Als es Thorsten B. traf, gab es noch vier Mitarbeiter in diesem Bereich. Die Entlassungen waren wirtschaftlich bedingt, die Firma bewegte sich in einem hart umkämpften Markt.*

**Was war passiert?**

Das Unternehmen, in dem ich arbeitete, reagierte nur noch, statt zu agieren – das war fatal. Ein weiterer Faktor bei dieser Entwicklung war: Über Jahre wurden Umsatzziele nicht erreicht und Verluste eingefahren. Schließlich sollten die Personalkosten im Zuge einer Umstrukturierung und unternehmerischen Neuausrichtung gesenkt werden. Für den gesamten deutschen Markt waren ab da nur noch zwei bis drei Vertriebler vorgesehen.

**Wie kam es zur Kündigung? Und wie verlief das Trennungsgespräch für dich?**

Ich bekam meine Kündigung in schriftlicher Form vom Vertriebsleiter während eines Gesprächs. Der Prokurist hat es noch nicht einmal für nötig gehalten, mich anzurufen. Mit der Geschäftsführung fand kein einziger Termin statt.

**Wie hast du reagiert?**

Ich nahm das Jobende wie ein Urteil hin. Das fühlte sich an wie eine Niederlage.

**Wie ging es dir nach dem Austritt aus der Firma?**

Ich war gefasst, gleichzeitig wütend, hilflos, niedergeschlagen und leer. Ich hatte Angst vor der Zukunft. Mit der Zeit kam dann mehr und mehr meine Kämpfernatur durch. Ich schaute nach vorne und fühlte mich etwas optimistischer.

**Hast du Kündigungsschutzklage eingereicht?**

Ja, denn die Situation belastete mich stark. Als ich eines Nachts wach dalag, fiel mir ein früherer Wegbegleiter ein, ein Anwalt für Arbeitsrecht. Am nächsten Tag rief ich ihn gleich an und vereinbarte einen Termin. Einen Tag später fand das erste Gespräch statt und ich fasste den Entschluss, eine Kündigungsschutzklage einzureichen. Die ganze Sache habe ich dann meinem Anwalt übergeben. Es kam zu einem außergerichtlichen Vergleich, ich erhielt eine Abfindung. Von der Kündigung selbst bis zur Verhandlung beim Arbeitsgericht vergingen zwei Monate.

**Hattest du eine Rechtsschutzversicherung?**

Nein.

**Wer oder was hat dir in der Situation geholfen?**

Niemand, ich war allein.

**Wer außer dir war in deinem Umfeld noch unmittelbar vom Jobende betroffen?**

Jetzt wird es persönlich: Einige Monate vor meiner Kündigung hatte meine Frau mich verlassen. Unser Haus hatten wir verkauft. Ich informierte meine Freunde persönlich über meine neue Gesamtsituation, ging extrem offen damit um. Eines möchte ich aber klarstellen: Der private Verlust hatte keine Auswirkung auf meine Leistung im Job. Ich wurde nicht deshalb entlassen. Manchmal kommt eben alles zusammen. Oder: Ein Unglück kommt selten allein.

**Veränderung auf allen Ebenen also. Wie bist du damit umgegangen? Was waren deine Anker?**

Ja, tatsächlich, Veränderung auf allen Ebenen! Ehrlich gesagt, es war die Hölle. Ich erlebte in dieser Zeit viele traurige Tage. Doch eines hatte ich schon ganz früh erfahren dürfen und das begleitete mich auch in dieser für mich sehr schweren Zeit: Mit sechs Jahren hatte ich mit Sport angefangen, später sogar Leistungssport betrieben. Dadurch hatte ich gelernt, mit Niederlagen umzugehen. Als ehemaliger Leistungssportler wusste ich, dass auch wieder Siege kommen würden. Das stärkte mich, diese Einstellung konnte ich gut auf das Berufliche übertragen.

Als Anker, tja, da nennen die meisten Familie. Den Hauptteil hatte ich jedoch durch meine Trennung verloren. Freunde, Menschen aus meinen Netzwerken und berufliche Wegbegleiter waren für mich zumindest zeitweise da, das hatte natürlich mit den jeweiligen Zeitbudgets zu tun. Tatsächlich unternahm ich viel allein.

**Hast du dich persönlich durch diese Erfahrung verändert? Wenn ja, wie?**

Ja, es hat sich etwas verändert. Ich wusste von der Zeit an, dass mir niemand wirklich helfen konnte. Deshalb nahm ich alles selbst in die Hand.

**Was würdest du anderen raten, die heute in eine solche Situation kommen?**

Es ergeben sich immer wieder mal nicht vorhersehbare Situationen im Leben. Der Charakter der betroffenen Person und ihre Haltung zum Erlebten entscheiden darüber, wie sie einen Verlust bewältigt. Wichtig ist meiner Erfahrung nach, sich nicht aufzugeben und sich erreichbare

Ziele zu setzen. Wertvoll und hilfreich sind außerdem eine gehörige Portion Offenheit, Optimismus und Zielstrebigkeit.

**Auf welche Stellen hast du dich beworben? Wie bist du bei der Stellensuche vorgegangen?**

Mein Schwerpunkt bei der Stellensuche lag auf dem vertrieblichen Innen- und Außendienst, ich suchte Jobs in maximal 50 Kilometer Entfernung von meinem Wohnort. Mein Ziel war es, schnellstmöglich eine neue berufliche Herausforderung zu finden. Jeden Morgen stellte ich einen festen Zeitplan für mich auf.

Ich betrachtete diese Aufgabe wie meine Arbeit: Stellen suchen, Unternehmen durchleuchten, hinterfragen, ob Firma, Arbeitsplatz und Anforderungen zu mir passen, dann Bewerbungen schreiben. Ab Mittag widmete ich mich meinen Freizeitaktivitäten, um für Ausgleich zu sorgen. Ich trieb viel Sport, unternahm lange Fahrradtouren von bis zu 100 Kilometern am Tag oder ging zum Schwimmen.

**Wie erging es dir auf der Suche nach dem neuen Job?**

Ich schrieb circa 190 Bewerbungen in einem Zeitraum von neun Monaten, die Jobangebote fand ich über die bekannten Jobplattformen im Internet. Die Arbeitsagentur sendete mir eher wahllos Stellenangebote zu. In den meisten Fällen erhielt ich zeitnah eine Eingangsbestätigung, zu 70 Prozent waren das automatische Rückantworten.

Es folgten acht Einladungen zum Gespräch, davon nutzte ich drei als Tests. Bei diesen Stellen wusste ich bereits im Vorfeld, dass es wegen meiner Gehaltsvorstellung und der Jobanforderungen nichts werden würde. Diese Übungstermine waren jedoch wichtig für mich, um herauszufiltern, wie unterschiedlich sich Personaler und zukünftige Vorgesetzte verhalten. Ich wollte wissen, welche Fragen im Vorstellungsgespräch gestellt werden und wie ein Gegenüber auf meinen Gehaltswunsch reagiert.

In manchen Wochen kamen drei Absagen hintereinander, das waren keine schönen Tage. In solchen Phasen musste ich schon sehr diszipliniert sein, um auch weiterhin positiv zu denken. Ich wollte arbeiten. Das war meine Motivation, um trotz der Enttäuschungen und Absagen stark zu bleiben.

**Mal ehrlich, 190 Bewerbungen: Verliert man da nicht irgendwann den Mut? Wie war das bei dir?**

Ja und nein. Als in einer Woche wieder mal drei Absagen nacheinander kamen, haute mich das schon um. Doch irgendwie konnte ich mich immer wieder motivieren und machte weiter mit den Bewerbungen. Tatsächlich hatte ich große Angst davor, in der dunklen Jahreszeit keinen Job zu haben und dann in ein Loch zu fallen. Es war mein persönlicher Wunsch und mein Ziel, nach dem Sommer wieder eine Anstellung zu haben.

**Was meinst du: Haben es Menschen 50 plus schwerer, einen Job zu finden?**

Ja, das ist wohl so. Während meiner langjährigen Tätigkeit im Vertrieb sprach ich regelmäßig mit Fach- und Führungskräften im Personalbereich und im Marketing. Ich stellte fest, dass oft Menschen im Alter von 28 bis 36 Jahren als Personaler tätig sind, deren Blick ist ein ganz anderer. Nach meiner Erfahrung werden bei zehn Bewerbungen auf eine Stelle eher drei junge Bewerber zum Vorstellungsgespräch eingeladen als der eine Kandidat im Alter 50 plus.

Ich bin allerdings fest davon überzeugt, dass bei einem persönlichen Interview das eigene Wissen, die vorhandene Empathie, individuelle Erfahrungswerte und die Persönlichkeit besser zum Tragen kommen als in der gesamten schriftlichen Bewerbung.

**Welche Werte sind dir in der Berufswelt wirklich wichtig? Was geht gar nicht?**

Wichtig sind mir Wertschätzung, Loyalität, Teamwork und Work-Life-Balance. Egoismus, Geldgier sowie soziale Inkompetenz mag ich überhaupt nicht.

**Du hast inzwischen eine neue berufliche Aufgabe. Wie hast du den Job gefunden?**

Über eine Freundin. Ihr Geschäftsführer fragte, ob sie jemanden kennen würde, der es sich zutraut, im Vertrieb zu arbeiten. Ich arbeite nun bei einem Reiseveranstalter und mache Menschen glücklich, die speziell im südlichen und östlichen Afrika Urlaub machen möchten. Ich war selbst schon mehrmals dort in den Ferien.

**Du hast in letzter Zeit Verluste im Beruf und im Privaten erlitten. Was sind deine Erkenntnisse daraus?**

Aufgeben kam für mich nie infrage. Allerdings kann ich gut verstehen, dass Menschen in solch einer Situation in ein großes Loch fallen und abstürzen. Ich kann auch nachvollziehen, dass Personen, die mitten im Leben stehen und vom einen Tag auf den anderen alles verlieren, auf schwarze Gedanken kommen und sich etwas antun, sei es mit Alkohol, Drogen oder durch Suizid.

**Wenn du an die nächsten 15 Arbeitsjahre denkst, dann ...?**

... freue ich mich auf viele, viele spannende Projekte und neue Entwicklungen, egal wo die Reise hingeht.

# Special: Der lange Weg durch die Verfahren

Starke Belastungen im Job lösen Stressreaktionen aus. Wir Menschen kommen in einen psychischen Ausnahmezustand und reagieren mit Schock, Flucht oder Kampf. Wichtig in diesem Moment ist es, Ruhe und einen kühlen Kopf zu bewahren, wenn das überhaupt geht. Die Wahrscheinlichkeit, dass die Emotionen gerade jetzt wellenartig hochschlagen, ist groß. Wie erwähnt, die Betroffenen reagieren unterschiedlich auf einen Jobverlust. Entscheidend ist oft auch, wie der Arbeitgeber sich verhält, wenn das Arbeitsverhältnis endet. Einige Unternehmen versuchen, ausscheidende Mitarbeiter so günstig wie möglich loszuwerden. Manche Arbeitnehmer wehren sich dagegen und gehen sogar vor Gericht. Ihr Ziel besteht darin, eine möglichst hohe Abfindungssumme als Entschädigung für die Kündigung auszuhandeln.

Die Trennungsverhandlung ist ein Geschäft. Viele Arbeitgeber lassen sich auf eine Abfindung ohne Gerichtsverhandlung ein, weil sie nicht in die Situation geraten wollen, dass der gekündigte Mitarbeiter wieder an seinen alten Arbeitsplatz zurückkehren darf. Dies gilt besonders dann, wenn sich die betreffende Person nichts hat zu Schulden kommen lassen und der Arbeitgeber keine belegbaren Vorwürfe gegen sie in der Hand hat. Der Verhandlungspoker endet meistens mit einem Vergleich, aus dem beide Parteien als vermeintliche Gewinner hervorgehen: Die Firma ist den ungeliebten Mitarbeiter endgültig los und der Gekündigte lässt sich seinen Abschied mehr oder weniger versüßen. Doch Vorsicht: Jobsuchenden kann eine Sperre beim Arbeitslosengeld drohen, wenn sie eine Abfindung erhalten, es kann bis zu zwölf Wochen ausgesetzt werden. Dies müssen Betroffene bei ihren Entscheidungen berücksichtigen. Wichtig ist auch zu wissen, dass sich ein Kündigungsschutzverfahren je nach Auslastung der Gerichte über mehrere Monate bis hin zu ein, zwei Jahren hinziehen kann. Das gestaltet sich selbstverständlich individuell und abhängig von dem jeweiligen Fall.

Viele Gekündigte haben Verpflichtungen und befürchten finanzielle Einbußen, wenn die Arbeit wegfällt. Gerade langjährige Mitarbeiter ab Mitte 40 neigen mitunter zum Sicherheitsdenken und leiden unter Existenzängsten. Sie halten am alten Arbeitsplatz fest, weil ihre Sorge, nach dem Ausstieg aus der alten Firma bis zur Rente ohne einen gleichwertigen Job dazustehen, groß ist. Sie klagen daher mit dem Ziel, ihren Arbeitsplatz zu behalten. Die Angst vor anhaltender Arbeitslosigkeit ist nicht unberechtigt, vor allem bei Arbeitnehmern ab 50. Selbst in Zeiten von steigendem Fachkräftemangel und demografischem Übergang bevorzugen viele Arbeitgeber nach wie vor jüngere und dadurch meist billigere Arbeitnehmer.

Es gibt einige wenige Personen, die andere Ziele verfolgen, wenn sie ihren Arbeitsplatz einklagen. Ihnen geht es um den Kampf für Gerechtigkeit. Diese Menschen nehmen oft lange Wege auf sich, sie leisten Widerstand und wehren sich gegen Übergriffe ihrer Vorgesetzten. Mit ihrem Vorgehen signalisieren sie dem Arbeitgeber, dass sie sich nicht alles gefallen lassen und nicht einfach so das Feld räumen. Das ist ihre Antwort auf die Ablehnung, Missbilligung und Entwertung, die sie an ihrem Arbeitsplatz schmerzlich erfahren mussten. Umso größer ist die Freude, wenn der Richter die Sicht der Gekündigten bestätigt und ihnen Recht gibt. In solchen Momenten ist es unerheblich, ob diese Person tatsächlich wieder an ihren alten Arbeitsplatz zurückkehren wird oder nicht.

Viele Betroffene haben jedoch nicht den Mut und die erforderlichen starken Nerven, um diesen Weg bis zum Ende zu gehen. Zu stark ist die psychische Belastung. Der Aufwand, den eine Kündigungsschutzklage mit sich bringt, lohnt sich dennoch, vorausgesetzt man hat kompetente Berater um sich und einen Richter, der einem wohlgesonnen ist.

# Stefan K.: Mitarbeiter gibt im Kampf für Anstand und Gerechtigkeit nicht klein bei

Geburtsjahr: 1965
Jahr der Kündigung: 2017
Dauer der Betriebszugehörigkeit: 34 Jahre
Kündigungsgrund: Es gab keinen. Konstruiert wurde ein angeblicher
Verstoß gegen Beschlüsse des Aufsichtsrats und gegen Weisungen
der Geschäftsführung. Das konnte aber widerlegt werden.
Erster Gesprächstermin: November 2018
Letzter Gesprächstermin: September 2020

*Starke Nerven und Durchhaltevermögen bewies Stefan K., IT-Leiter und Prokurist in einem mittelständischen Unternehmen der Baustoffzulieferindustrie. Nach 32 Jahren Betriebszugehörigkeit wurde er ohne jede Vorwarnung degradiert und zwangsversetzt. Mit seiner langanhaltenden Gegenwehr hatte die Geschäftsführung wohl nicht gerechnet.*

**Wie ist die Firma aufgestellt?**

Das Unternehmen ist in den Händen einer Familienstiftung, die vor einigen Jahren angeblich zur Existenzsicherung gegründet wurde, da es in der Familie keine potenziellen Nachfolger gab. Geleitet wird es schon seit Jahrzehnten von externen Geschäftsführern. Die Familie hält sich seit dem Tod des Unternehmensgründers im Hintergrund und zeigt kein wirkliches Interesse am Unternehmen. Aufgebaut ist das Ganze so: Es gibt zwei Geschäftsführer. Einer der beiden ist gleichzeitig Sprecher der Geschäftsführung und alleinvertretungsberechtigt, während der andere nur gemeinschaftlich vertretungsberechtigt ist. Zusätzlich wurde ein Aufsichtsrat installiert, was bei einer GmbH dieser Größe nicht zwingend erfolgen muss. Im Aufsichtsrat sitzen ein Sohn des Firmengründers und zwei externe Berater. Die Mitglieder des Aufsichtsrats sind deckungsgleich mit den Mitgliedern des Stiftungsrats.

Der Aufsichtsrat hielt sich in der Vergangenheit immer sehr dezent im Hintergrund. Gespräche zwischen Aufsichtsrat und Betriebsrat wurden bislang abgelehnt oder auf die lange Bank geschoben. Was sich im Unternehmen tatsächlich abspielt, ist dem Aufsichtsrat vermutlich nicht bekannt, da er nur einseitig informiert wird. Die Zahlen stimmen, also hält sich das Interesse bezüglich aller anderen Dinge meiner Meinung nach arg in Grenzen.

### Wie wird das Unternehmen geführt?

Den Führungsstil erlebe ich als autoritär, er ist geprägt davon, dass Mitarbeiter nicht wertgeschätzt werden. Anerkennung erfahren maximal die Mitarbeiter, die als absolut loyal gelten. Es herrscht eher eine Kultur des Misstrauens.

### Wie würdest du deinen Chef beschreiben?

Wenn man seine Verhaltensweisen und die Charaktereigenschaften analysiert, landet man unweigerlich beim Thema Narzissmus. Bei diesem Menschentypus handelt es sich um Selbstverliebte, die immer im Mittelpunkt stehen wollen, ja sogar müssen. Sie sind dominant und besitzen ein übersteigertes Selbstbewusstsein. Egoismus, Arroganz und mangelnde Kritikfähigkeit sind ihnen angeboren. Gleichzeitig sind Narzissten eloquent, strahlen hier und da eine gewisse Coolness aus und können durchaus über Charme und Humor verfügen. Das bringt ihnen häufig die Bewunderung ihrer Mitmenschen ein. Sicherlich ist das auch ein Grund dafür, dass solche Charaktere überdurchschnittlich häufig in Chefetagen anzutreffen sind. Die besondere Mischung an Eigenschaften macht diese Menschen allerdings sehr gefährlich. Ein wahrer Wolf im Schafspelz, mit dem man sich besser nicht anlegt.

### Was ist dann konkret mit dir passiert?

Ich wurde nach 32 Jahren Betriebszugehörigkeit in das Büro des Geschäftsführers geladen und ohne eine Vorwarnung degradiert. Meinen Geschäftswagen sollte ich abgeben und meine Prokura wurde mir genommen. Ein Mitarbeiter aus meinem Team wurde befördert und ersetzte mich fortan als IT-Leiter im Unternehmen. Im Vorfeld hatte es keine weltbewegenden Konfliktsituationen gegeben, weder eine Abmahnung noch eine Befragung des bestehenden Betriebsrats. Ich war entsetzt, meldete mich krank, kontaktierte noch am selben Tag meinen Anwalt. Kurze Zeit später reichte ich Klage gegen die Versetzung ein. Ich wurde fortan nur noch mit minderwertigen Tätigkeiten innerhalb der IT-Abteilung betraut, die nicht mehr viel mit meinen ursprünglichen Aufgaben zu tun hatten. Einige Wochen später erhielt ich meine schriftliche Kündigung, wurde aber nicht freigestellt. Auch dagegen ging ich gerichtlich vor und reichte Kündigungsschutzklage ein.

Meine unerwartete Degradierung löste eine Schockwelle im Unternehmen aus. Die Verunsicherung bei den Mitarbeitern war groß. Viele Kollegen konnten und wollten zunächst nicht glauben, dass ein Mitarbeiter ohne plausiblen Grund so behandelt wurde. Natürlich kam es zu Spekulationen, ob ich das Unternehmen in irgendeiner Form geschädigt oder gravierende Verfehlungen begangen hätte, zum Beispiel Geld veruntreut. Dem war aber nicht so und das kommunizierte ich sehr offensiv, während die Geschäftsführung konsequent schwieg.

Einige Kollegen glaubten mir, andere nicht. Doch schon die Degradierung an sich kam einer Vorverurteilung gleich und das konnte ich nicht so einfach abschütteln. Das Thema polarisierte dann unheimlich. Keiner der Kollegen bekannte sich offen zu mir. Zwar gab es nicht wenige heimliche Sympathisanten, aber im Großen und Ganzen stand ich doch sehr einsam da.

**Wie ging es vor Gericht weiter?**

Nach zwei erfolglosen Güteverhandlungen, zum einen wegen der Versetzung und zum anderen wegen der Kündigung, kam es zum ersten Kammertermin vor dem Arbeitsgericht. Der Richter erklärte, dass er die plötzliche Degradierung für rechtswidrig halte. Im Hinblick auf das parallel laufende Kündigungsschutzverfahren schlug er eine Freistellung und den vorläufigen Verzicht auf Rückversetzung vor. Fortan war ich zu Hause und wartete auf den zweiten Kammertermin, der ein halbes Jahr später stattfand.

Die Zwischenzeit nutzte ich, um mich anderweitig umzusehen. Ich fing an, mich auch überregional zu bewerben. Auf 15 Bewerbungen folgten sieben Vorstellungsgespräche – ohne Erfolg. Der drohende Arbeitsplatzverlust machte mir Angst, meine Existenz stand auf dem Spiel. Ich hatte sehr gut verdient und den Luxus, in der Nähe meines Arbeitsplatzes zu wohnen. Jetzt war ich bereit, Kompromisse einzugehen.

Schließlich kam es zum zweiten Kammertermin, bei dem die Kündigung für unwirksam erklärt wurde. Der Richter bot einen Vergleich an, es kam jedoch nicht zu einer Einigung. Da ich ja zuvor meine Chancen auf dem Arbeitsmarkt getestet hatte, wusste ich, dass ich in meinem Alter kaum eine Arbeitsstelle wie die aktuelle finden würde. Das Ende vom Lied: Ich kehrte in den Betrieb zurück und übernahm fortan die Position, die ich vor der Degradierung innehatte. Mir wurde ein neues Büro nahe der Geschäftsführung zugewiesen, weit weg von meiner alten Abteilung.

**Was geschah nach deiner Rückkehr ins Unternehmen?**

Nachdem ich den Kündigungsschutzprozess gewonnen hatte und nach längerer Freistellung ins Unternehmen zurückkam, sahen mich viele Kollegen nicht nur als juristischen, sondern auch als moralischen Sieger. Viele empfingen mich offen und herzlich, ich wurde für mein Durchhaltevermögen und vor allem auch für meine innere Haltung bewundert. Außer von der Geschäftsführung und einigen wenigen linientreuen Mitarbeitern wurde ich nie angefeindet.

Meine alten Aufgaben bekam ich nicht zurück. Ganz im Gegenteil, es gab ab jetzt zwei IT-Leiter: mich und den neu eingesetzten. Meine Funktion bestand nur noch auf dem Papier. Wieder sah ich mich gezwungen, gerichtlich vorzugehen und eine vertragsmäßige Beschäftigung einzuklagen.

**Wie lange hat es gedauert, bis dein Fall vor Gericht in dieser Sache weiterverhandelt wurde? Und was war das Ergebnis?**

In dieser Angelegenheit kam es dann mit über einjähriger Verzögerung zu einem Gütetermin. Der Arbeitsrichter machte den Geschäftsführern und dem gegnerischen Anwalt ziemlich schnell klar, dass mit der Degradierung die Grenzen des Direktionsrechts überschritten worden waren. Der Richter empfahl daraufhin, die Streitigkeit über einen von uns vorgeschlagenen Vergleich zu beenden. Das passierte dann auch nach einigen Wochen.

**Wie sah dein Abschiedspaket konkret aus?**

Das Abschiedspaket besteht aus einer längeren Freistellungsperiode und einer Abfindung. Daneben wurden Regelungen zu einer Pensionszusage und zur weiteren Nutzung des Firmenwagens getroffen. Mir war es wichtig, dass eine Lösung herauskommt, die alle wirtschaftlichen Nachteile, die mir in Zukunft entstehen, weitestgehend ausgleicht.

**Nach dem Prozess bist du in die Firma zurückgekehrt und hast den Anwalt gewechselt. Warum? Und wie ging es weiter?**

Mein ursprünglicher Anwalt hatte mich in dem Verfahren wegen der rechtswidrigen Versetzung, im Kündigungsschutzverfahren und in einem weiteren Verfahren wegen Zeugniserteilung vertreten. Alle drei wurden zu meinen Gunsten zu Ende gebracht. Allerdings beschlich mich nach dem Kündigungsschutzverfahren ein ungutes Gefühl, denn mein Anwalt wäre bereit gewesen, auf einen Vergleich mit einer Regelabfindung von einem halben Monatsgehalt je Beschäftigungsjahr einzugehen. Das war für mich zum damaligen Zeitpunkt völlig inakzeptabel, geradezu ein Schock. Ich entschied mich daher in Abstimmung mit meiner Ehefrau, noch einmal an meinen Arbeitsplatz zurückzukehren, wohlwissend, was dort auf mich zukommen könnte.

Wie zu erwarten war, wurde ich nur pro forma auf meiner alten Position beschäftigt. In Wirklichkeit stellte man mich kalt und hielt mich vom operativen Geschäftsbetrieb fern. Meinem Anwalt erteilte ich dann unmittelbar den Auftrag, meinen vertragsmäßigen Beschäftigungsanspruch gerichtlich durchzusetzen. Er ließ sich dabei sehr viel Zeit und schob immer wieder andere Gründe vor, warum er die Klage nicht einreichte. Nach genau einem Jahr hatte mein Rechtsanwalt die Klage auf vertragsmäßige Beschäftigung immer noch nicht bei Gericht eingereicht. Das veranlasste mich dazu, ihm das Mandat zu entziehen. Mittlerweile hatte sich bei mir der Verdacht erhärtet, dass eventuell sogar

Parteiverrat im Spiel war und hinter meinem Rücken ein übles Spiel gespielt wurde, um mich zu zermürben. Beweisen konnte ich das allerdings nicht. Dummerweise hatte ich erst zu spät erfahren, dass mein Anwalt und auch einer seiner Kollegen im selben Dorf in fast unmittelbarer Nachbarschaft zu einem der Geschäftsführer gewohnt hatten. Ein Schelm, wer Übles dabei denkt!

**Wie erging es dir dieses Mal in der Firma?**

Im Frühjahr, nach meinem Wiedereintritt, standen Betriebsratswahlen an und ich bewarb mich um das Amt des Betriebsrats. Zu meinem Befremden hielt der gerade erwähnte Anwalt überhaupt nichts von meiner Kandidatur. Ich wurde zum Entsetzen der Geschäftsführung mit Stimmenmehrheit in das Gremium und dann sogar noch zum stellvertretenden Vorsitzenden gewählt. Mit diesem Posten und wegen meiner 50-prozentigen Schwerbehinderung war ich praktisch unkündbar.

Die Arbeit in dem Gremium entwickelte sich komplett anders, als ich mir erwartet und auch erhofft hatte. Obwohl die Geschäftsführung versuchte, durch die Entsendung eigener Leute die Wahl zu manipulieren, wurden am Ende Mitglieder in den Betriebsrat gewählt, denen ich zutraute, vernünftige Betriebsratsarbeit leisten zu können. Doch da hatte ich mich schwer getäuscht. Dass mir knapp 60 Prozent der Mitarbeiter ihre Stimme gegeben hatten, war ein klares Signal an die Geschäftsführung und Ausdruck dafür, dass die Mehrheit der Mitarbeiter sich nach Veränderung sehnte. Das kam einer Abwahl der Geschäftsführung gleich.

Doch die Manipulationsversuche gingen weiter. Das zeigte dann auch schnell Wirkung, zum einen bei der Wahl des Betriebsratsvorsitzenden und zum anderen, als es darum ging, ein Betriebsratsmitglied freizustellen. Eins kam zum anderen und am Ende hatte die Geschäftsführung es geschafft, sich das Gremium gefügig zu machen und mich nahezu von der Mitbestimmung auszuschließen. Ein Großteil der Kolleginnen und Kollegen war von der Arbeit des Betriebsrats enttäuscht. Sie äußerten daraufhin aber nicht ihren Unmut im großen Stil, sondern versanken in der gewohnten Lethargie.

Für mich war unverständlich, wie wenig Rückgrat die Betriebsratskollegen zeigten. Erstaunlich fand ich auch, dass ich regelrecht angefeindet wurde, nur weil ich gewillt war, ordentliche und gesetzeskonforme Betriebsratsarbeit zu machen. Ich wurde sogar daran gehindert, meinem gesetzlichen Auftrag nachzukommen. Und ich bekam den Vorwurf zu hören, ich hätte mich nur wegen meiner privaten Fehde mit den Geschäftsführern ins Amt wählen lassen. Dem war nicht so, auch wenn man das natürlich so hätte sehen können. Für mich war das Verhalten der Kollegen eine bittere menschliche Enttäuschung, zudem eine vertane Chance für die Mitbestimmung und einen möglichen Kulturwandel im Unternehmen.

**Wie lang war der Zeitraum insgesamt von da an, als du degradiert wurdest, bis zum letzten Tag im Unternehmen?**

Das waren ziemlich genau zweieinhalb Jahre.

**Was war dein Motiv, diesen steinigen Weg bis zum Ende zu gehen?**

Der Kampf für Gerechtigkeit und Anstand war bis zum Schluss der wichtigste Bestandteil meiner Überlebensstrategie und mein Antrieb.

**Du hast mehr als zwei Jahre für Gerechtigkeit gekämpft. Vor Gericht hast du dir einen Sieg erkämpft. Wie sieht es in dir drinnen aus?**

Verbitterung ist zwar ein hässliches Wort, trifft aber meine zeitweilige Gemütslage ziemlich genau. Dass ich mit einem vernünftigen Vergleich aus der Geschichte herausging, war sicher kein Pyrrhussieg. Dennoch: Richtige Siege fühlen sich anders an!

**Würdest du den gleichen Weg noch einmal gehen?**

Ja, das würde ich. Ob ich ihn allerdings beim ersten Mal gegangen wäre, wenn ich vorher gewusst hätte, wie steinig er sein würde, da bin ich mir nicht ganz sicher. Ich bin zum Glück mit einer außerordentlichen Resilienz gesegnet. Damit war ich auch in der Lage, viele schwere Tage zu überstehen. Aus heutiger Sicht würde ich mich an der einen oder anderen Stelle vielleicht taktisch klüger verhalten.

**Was meinst du damit?**

Sicher bin ich im Betriebsrat etwas zu forsch vorgegangen. Ich wollte die Veränderung, etwas zum Guten bewegen, Signale setzen und habe mich dabei maßgeblich auf die gesetzlichen Grundlagen des Betriebsverfassungsgesetzes gestützt. Damit habe ich meine Kolleginnen und Kollegen vielleicht überfordert. Auf der anderen Seite bin ich mir unsicher, ob ich mit einer langsameren Gangart erfolgreicher gewesen wäre. Schließlich agierte die Geschäftsführung im Hintergrund mit allen Mitteln gegen mich. Das Gremium stand immer unter dem Einfluss der Unternehmensleitung, vor diesem Hintergrund sind rationale Entscheidungen nur schwer zu treffen. Das hatte ich unterschätzt.

**Was ist in der Zeit von der Degradierung bis heute bei dir passiert?**

Ich glaube, da hat sich nicht viel verändert. Hass, Verbitterung und Enttäuschung spielen eine gewichtige Rolle. Obwohl die Geschichte für mich vorläufig zufriedenstellend endete, fand ich es doch ernüchternd, dass ich trotz aller Anstrengungen nicht für einen positiven Wandel im Unternehmen sorgen konnte. Schwer wiegt auch die menschliche Enttäuschung darüber, wie sich manche Kolleginnen und Kollegen während der ganzen Zeit verhielten. Das hatte mit Anstand nichts mehr zu tun!

**Wie hat sich die berufliche Krise auf dich ausgewirkt?**

Ich hatte das große Glück, dass mir körperliche Beschwerden erspart blieben. Einen guten Schlaf hatte ich schon immer. Tatsächlich hat mir die ganze Angelegenheit nur wenige schlaflose Nächte bereitet, ich würde vielleicht von wenigen Stunden sprechen. Auch meine Essgewohnheiten änderten sich in diesem Zeitraum nicht, sodass ich körperlich eigentlich immer gesund und in guter Verfassung war. Ich hatte auch drei Gesprächstermine bei einem Psychotherapeuten, der bei mir eine überdurchschnittliche Resilienz feststellte.

Viel schwieriger war die Gestaltung des Alltags – sowohl im Betrieb als auch in der Familie. Im Betrieb fand zum einen der verzweifelte Kampf als Betriebsrat statt. Zum anderen waren da die vielen langen Tage, an denen ich mich schlichtweg irgendwie selbst beschäftigen musste, da mir ja keine adäquate Arbeit mehr zugewiesen wurde. Da können acht Stunden schon verdammt lang sein.

Mit meiner Frau gab es nur wenige Auseinandersetzungen, obwohl die Themen fast immer präsent waren. Sie hat mich in dieser Zeit enorm unterstützt. Wir haben in unserer Familie alle Entscheidungen gemeinsam getroffen und auch getragen. Ich habe zeitweise versucht, so wenig wie möglich im Familienkreis anzusprechen, was mich gerade beschäftigte. Zwar war es für mich sehr wichtig, über alles zu reden, doch manche um mich herum streikten schon. In meinem privaten Umfeld gab es auch einige Personen, die mir überhaupt nicht gut taten. Das waren insbesondere die Zweifler, die sich um meine Gesundheit sorgten. Sie meinten, dass ich diesen irrsinnigen Kampf doch lieber aufgeben sollte. Solche Menschen mied ich dann, so gut es ging.

**Was rätst du anderen, die in eine ähnliche Situation kommen?**

Es fällt mir schwer, einen konkreten Rat zu geben. Es kommt immer auf den Einzelfall und die handelnden Personen an. Grundsätzlich empfehle ich natürlich, für die eigenen Rechte zu kämpfen. Doch nicht jeder ist in der Lage, einen solchen Kampf über mehrere Monate oder gar Jahre durchzustehen. Das ist auch der Grund, warum sehr häufig die Arbeitgeber als Sieger vom Platz gehen, obwohl sie juristisch und auch moralisch gesehen die eigentlichen Verlierer sind. Sie sitzen am längeren Hebel und haben einen größeren Aktionsspielraum, selbst wenn innerhalb dieses Spielraums rechtswidrige Handlungen an der Tagesordnung sind. Mobbing, Bossing, Straining gehören zu den beliebten Methoden, die angewendet werden, um Mitarbeiter mürbe und kaputt zu machen. Juristisch greifbar wird das meistens nicht.

**Wieso hat der Geschäftsführer schlussendlich doch nachgegeben?**

Letztendlich spielten wohl die auswegslose Situation und der drohende Kammertermin, der ja nur bestätigt hätte, dass ich vertragswidrig beschäftigt wurde, eine Rolle. Mittlerweile hatten die Geschäftsführer sicher auch erkannt, dass sie sich mit jemandem angelegt hatten, der nicht klein beigeben würde.

**Was sind deine größten Erkenntnisse aus dieser Zeit?**

Die größte Erkenntnis für mich: Man kann niemandem vertrauen. Ich hatte bis dato zu den Menschen gehört, die durchaus bereit waren, Vertrauen zu anderen Menschen zuzulassen. Hier ist aber bei mir definitiv etwas kaputtgegangen.

**Du bist jetzt aus dem Unternehmen ausgeschieden. Wenn du auf die 34 Jahre dort zurückblickst, was nimmst du mit?**

30 von 34 Jahren waren richtig gute, erfolgreiche und arbeitsreiche Jahre. Auf die schaue ich gerne mit Stolz und Freude zurück. Allerdings habe ich auch erkannt, dass man sich seiner Sache nie zu sicher sein darf und vielleicht frühzeitig auf Warnsignale hören sollte. Wenn ich das getan hätte, wäre vielleicht schon früher Schluss gewesen. Ob es gut oder schlecht ist, einem Unternehmen so lange treu zu bleiben, darüber kann man sicher unterschiedlicher Meinung sein.

**Wie geht es für dich jetzt weiter?**

Da bin ich mir noch nicht sicher. Ich hatte mich im Alter von 52 Jahren ja schon am Arbeitsmarkt umgeschaut und keine adäquate Stelle gefunden. Mit 54 wird's nicht einfacher. Mein Ziel besteht natürlich darin, wieder einen Job zu finden, entweder in einem festen Anstellungsverhältnis oder als freier Mitarbeiter im IT-Bereich. Ich merke, dass es schwieriger ist, den richtigen Tagesrhythmus zu finden, als ich dachte. Viel Zeit zu haben kann etwas Tolles sein, aber es spricht auch einiges für einen geregelten Ablauf, den ich ja über 34 Jahre gewohnt war. Aktuell beschäftigt mich geringfügig mein Nebengewerbe als IT-Dienstleister, das ich vor knapp zwei Jahren startete. Parallel kümmere ich mich verstärkt um häusliche Aufgaben und meine zwei Kinder.

**Was konntest du schon loslassen? Womit haderst du noch?**

Die Gedanken und Emotionen, die an der Firma hängen, konnte ich schon ganz gut loslassen. Und bis jetzt bedauerte ich es keine Sekunde, nicht mehr dort zu sein. Ich hadere auch mit nichts – die Dinge sind einfach, wie sie sind.

**Fast ein Jahr später: Du hast du wieder eine neue Anstellung gefunden. Wie kam es dazu?**

Eigentlich war ich recht optimistisch, dass ich als selbstständiger IT-Dienstleister Fuß fassen könnte. Ich hatte mir schon einen kleinen Kundenstamm aufgebaut und spekulierte darauf, zusammen mit einem potenziellen Partner durchzustarten. Doch dann kam die Corona-Krise, ich konnte das Geschäft nicht mehr forcieren, mein potenzieller Partner geriet in Schieflage. Ich war während dieser Zeit maßgeblich mit dem Home-Schooling meiner beiden Kinder beschäftigt. Es hatte daher sogar einen positiven Aspekt, dass ich so viel Freiraum hatte. Tatsächlich waren die Umstände aber dann der Auslöser dafür, mich wieder verstärkt am Arbeitsmarkt umzusehen und auf passende Stellen zu bewerben.

Das war allerdings eine recht frustrierende Angelegenheit. Die Anzahl der ausgeschriebenen Stellen hielt sich in Grenzen. Obwohl ich zum einen oder anderen Vorstellungsgespräch eingeladen wurde, erhielt ich nie eine Zusage. Mit mittlerweile 56 Jahren und mit dem durch die Corona-Krise steigenden Druck am Arbeitsmarkt schien es schier unmöglich zu sein, noch mal einen Job zu ergattern. Doch dann landete ich einen echten Glückstreffer und konnte bei meinem jetzigen Arbeitgeber landen. Aktuell bin ich dort als IT-Administrator angestellt. Nach der Probezeit übernehme ich die Leitung des IT-Bereichs.

**Mein Slogan lautet: „Ich wurde gefeuert – zum Glück." Was ist dein Glück?**

Mein Glück ist es, in einem gesunden und wertschätzenden Umfeld tätig zu sein. Arbeiten zu können war mir schon immer sehr wichtig und ich genieße es, dass ich nun jeden Morgen wieder das Haus verlassen kann, um meiner Arbeit nachzugehen. Vor allem sehe ich in meinem neuen Job viele neue Herausforderungen, die ich liebend gerne annehme.

# Blitztipps: Wie du heil aus der Jobkrise kommst

Um gut mit Veränderungen umzugehen und in der Krise handlungsfähig zu bleiben, hilft es, sich zu den verschiedenen Phasen des Trennungsprozesses einige Reflexionsfragen zu stellen. Das trägt dazu bei, die persönliche aktuelle Situation mit etwas Distanz zu betrachten und zu verstehen, was passiert. So ergeben sich neue Perspektiven und Aktionsmöglichkeiten. Manche Menschen können eine solche umfassende Reflexionsarbeit allein leisten. Andere sind so verstrickt in die neue Situation und derart blockiert durch den Stress, dass es für sie sinnvoll ist, einen kompetenten Coach an der Seite zu haben.

An dieser Stelle findest du drei Blöcke mit Fragen und Tipps. Sie geben dir einen Vorgeschmack, wie die Reflexionsarbeit aussieht. Und sie tragen dazu bei, dass du dir einen ersten Überblick darüber verschaffen kannst, was als Nächstes ansteht.

## #1 Alles zu seiner Zeit – gut vorbereitet auf die Kündigung zusteuern

### Reflexionsfragen

- Wie sehr bin ich bereit, mich zu verändern?
- Fühle ich mich noch wohl an meinem Arbeitsplatz?
- Was hindert mich daran, freiwillig zu gehen?
- Bahnt sich aktuell etwas an, das ich nicht sehen will?
- Wie kann ich mich auf eine Kündigung vorbereiten?
- Was kann ich jetzt schon vorausschauend tun, um weich zu fallen?
- Sind meine Bewerbungsunterlagen aktuell?
- Was schätze ich an meinem aktuellen Arbeitsverhältnis wirklich?
- Wie sehr fordern mich meine Aufgaben und Verantwortlichkeiten?
- Wie kann ich mich schon im Vorhinein stärken?

## Tipp

Wenn du selbst unzufrieden bist, die Unternehmenswerte nicht (mehr) vertreten kannst und/oder einfach merkst, dass du nicht mehr wertgeschätzt wirst, gibt es drei Optionen: „Change it", „love it" oder „leave it". Eigentlich ist oft schon sehr früh klar, dass die Firma einen nicht verdient hat. Doch das erkennen die wenigsten Menschen. Viele harren zu lange aus und hoffen darauf, dass sich die Situation zum Besseren wendet. Leider machen wir uns da oft etwas vor. Daher gilt: nicht zu lange ausharren und abwarten! Wenn das Betriebsklima unangenehm ist und gegenseitige Schuldzuweisungen an der Tagesordnung sind: sich sofort einen neuen Job suchen. Ohne Wenn und Aber.

# #2 Während der Kündigung – handlungsfähig und selbstbestimmt bleiben

## Reflexionsfragen

- Was hat der Jobverlust mit mir zu tun?
- Wie lange reicht mein Geld?
- Welche Bedürfnisse wurden verletzt?
- Was ist mir wichtiger: Geld, Zeit, die Sache?
- Wie wird mit mir umgegangen?
- Wie verläuft die Trennung vom Arbeitsplatz?
- In welche Muster verfalle ich?
- Wer kann mich unterstützen?
- Was tun bei unguter Trennung?
- Wer ist von den Folgen betroffen?

## Tipp

Sobald feststeht, dass du die Firma verlassen wirst, geht es darum, wie das Arbeitsverhältnis endet. Je nachdem, ob du selbst kündigst, der

Arbeitsvertrag ausläuft oder der Arbeitgeber die Reißleine zieht, erfolgt das formale Jobende unterschiedlich – per Abwicklungsvertrag, Aufhebungsvereinbarung oder Klage. Wichtig: Trennungsverhandlung ist ein Geschäft. Im besten Fall begegnen sich die Parteien dabei auf Augenhöhe und trennen sich im Guten, wertschätzend und fair. Steh für dich und deine Interessen ein, geh erhobenen Hauptes aus dem Betrieb. Bleib ruhig, gib deinen Emotionen Raum und hol dir genau die Unterstützung, die du brauchst. Ein Arbeitsrechtsschutz und ein guter Anwalt für Arbeitsrecht sind jetzt Gold wert. Nimm bewusst Abschied und hinterlasse keine verbrannte Erde. Man sieht sich immer zweimal im Leben.

# #3 Nach der Kündigung – das Beste draus machen

## Reflexionsfragen

- Welche Trends zeigen sich in der Arbeitswelt?
- Was kann ich?
- Was kann ich nicht?
- Wo will ich hin?
- Was möchte ich noch lernen?
- Wo sehe ich mich in fünf Jahren?
- Was sind meine Bedürfnisse?
- Welche Werte müssen für mich stimmen?
- Kenne ich mich mit Veränderungsprozessen aus?
- Kann ich auf ein Netzwerk zurückgreifen?

## Tipp

Ohne Ende kein Neuanfang! So schwer der Abschied vom vertrauten Arbeitsplatz auch fallen mag, irgendwann ist der Zeitpunkt gekommen, das Geschehen zu akzeptieren und den Job endgültig loszulassen. Und das braucht Zeit. Jeder Fall ist anders. Die Betroffenen gehen unterschiedlich mit der Situation um. Nein, es gibt kein Pauschalrezept, wie man am besten wieder auf die Beine kommt. Ich empfehle dir, nicht gleich in blinden Aktionismus zu verfallen und dich sofort auf alle möglichen Stellen zu bewerben. Halt einen Moment inne, frag dich, wo du aktuell stehst, in welche Richtung du dich bewegen willst und wie du dahin kommst. Eine positive Grundeinstellung hilft bei der beruflichen Neuorientierung ebenso wie eine gehörige Portion Vertrauen ins Leben. Das gilt besonders dann, wenn es nicht auf Anhieb klappt, es etliche Absagen hagelt und du nicht weißt, wie es weitergehen soll. Du schaffst das! Mach das Beste draus.

# Was ich dir noch mit auf den Weg geben möchte ...

Gratuliere, bis hierher hast du es geschafft. Du hast viele unterschiedliche Mutmachgeschichten gelesen und erfahren, wie Menschen in berufliche Umbruchsituationen geraten sind. Sie haben uns daran teilhaben lassen, wie es ihnen dabei ergangen ist und wie sie ihre Jobkrise letztendlich gemeistert haben.

Damit bist du schon viel weiter gekommen als ich vor fünf Jahren, als ich unerwartet vor die Tür gesetzt wurde. Damals hätte ich solch ein Buch gut gebrauchen können. Es wäre mir eine wertvolle Stütze gewesen und hätte mir womöglich geholfen, das Erlebte besser einzuordnen und zu verstehen. Möge dieses Buch dich jetzt auf deinem Weg begleiten und dir Mut machen. Möge es dir viele Tipps sowie Anregungen für deinen Neustart geben. Es soll dich dazu ermuntern, den womöglich schmerzhaft erlebten Verlust deines Arbeitsumfelds zu akzeptieren, loszulassen und möglichst bald wieder positiv und hoffnungsvoll nach vorne zu schauen.

Jetzt bist du dran – an welchem Punkt du aktuell auch stehen magst, sei es, dass deine Kündigung demnächst ins Haus steht, du deine Arbeit gerade verloren hast oder du mitten in der beruflichen Neuorientierung steckst. Denk daran, du bist nicht allein. Vielen anderen ist es genauso ergangen wie dir jetzt. Auch wenn du deinen Weg selbst wählst, allein gehen musst du nicht. Hol dir Hilfe und Unterstützung. Du wirst dich wundern, was es Gutes bewirken kann, wenn du die richtigen Menschen an deiner Seite hast.

Wie widrig die äußeren Umstände auch sein mögen und wie ausweglos die Situation scheint, in der du dich befindest, verlier nicht den Mut. Der Sturm zieht vorbei, mal schnell, mal langsam. Alles hat seine Zeit. Und vergiss dabei nicht: Was auch immer dazu geführt hat, dass du in die berufliche Krise gekommen bist, du kannst weder den Markt oder die Firma noch deinen Chef oder deine Kollegen ändern. Wenn du möchtest, dass sich etwas klärt und verbessert, musst du bei dir selber ansetzen. Das ist die einzige Ebene, auf der du nachhaltig etwas bewirken kannst.

Der Weg entsteht beim Gehen. Besonders, wenn man zur Veränderung gezwungen wird, kann es lähmend und sehr beängstigend sein, das Alte loszulassen, bevor das Neue sichtbar ist. Aber es kann sich gleichzeitig so viel entwickeln, wenn sich endlich mal Zeit und Raum dafür bieten. Wichtig ist, sich dies zuzugestehen. Und auch, dass es in Ordnung ist hinzufallen, Rückschläge zu erleiden, erst mal einen Umweg zu machen, in eine scheinbare Sackgasse zu geraten und einen noch nicht betretenen Pfad einzuschlagen. Fall hin, steh wieder auf und geh weiter. Es lohnt sich dranzubleiben.

Vertraue dir selbst. Du hast es in der Hand, was du aus deiner Notlage machst. Auch wenn du noch nicht siehst, wohin dein Weg dich führt, vertraue darauf, dass am Ende alles einen Sinn bekommt und es gut für dich weitergeht. Eine Tür geht zu, eine andere öffnet sich. Eines Tages wirst du hoffentlich zurückblicken, das ganze Bild erkennen und wissen, wofür das große Schlamassel gut war. Ich wünsche dir von ganzem Herzen, dass du an diesen Punkt kommst und wie ich heute zu Recht sagen kannst: **Gekündigt – zum Glück!**

# Erzähl mir deine Geschichte

Liebe Leserin, lieber Leser,

in diesem Buch sind viele Menschen zu Wort gekommen. Sie haben mir erzählt, was ihnen widerfahren und wie es ihnen im weiteren Verlauf ergangen ist. Alle Geschichten haben eins gemeinsam: Sie handeln von Unzufriedenheit und Überforderung am Arbeitsplatz, Scheitern, Ablehnung, Niederlagen und Misserfolg. Doch nicht nur das: Die Betroffenen sind wieder auf die Beine gekommen. Sie schildern, wie es ihnen gelungen ist, sich aus ihrem Schlamassel zu befreien – jeder auf seine Weise.

Ich möchte das gerne fortsetzen. Erzähl auch du mir deine Geschichte! Wie ist es zu deiner Jobkrise gekommen? Was genau hast du erlebt? Wie bist du damit umgegangen? Gerne kannst du mir eine persönliche Nachricht schreiben. Ich werde so schnell wie möglich antworten. Erreichbar bin ich unter **kontakt@everharduphoff.com**.

Gerne kannst du auch meinen Blog unter **https://everharduphoff.com** besuchen. Dort veröffentliche ich regelmäßig Artikel zum Thema Mensch, Arbeit und Leben. Du kannst dort auch weitere Erfahrungsberichte von anderen nachlesen und kommentieren.

Möchtest du weitere Nachrichten und mehr Informationen über mich und meine Arbeit erhalten? Dann abonniere meinen Newsletter unter **https://everharduphoff.com/newsletter**.

Willst du einen meiner Vorträge besuchen oder an einem Workshop teilnehmen? Aktuelle Termine findest du auf meiner Webseite unter **https://everharduphoff.com/vortraege-workhops-und-onlinekurse**.

Ich freue mich darauf, von dir zu hören!

Everhard Uphoff

# Literatur

Andrzejewski, Laurenz/Refisch, Hermann: Trennungs-Kultur und Mitarbeiterbindung. Kündigungen, Aufhebungen, Versetzungen fair und effizient gestalten. Köln, 4. Auflage 2015

Bannink, Frederike P.: Praxis der positiven Psychologie, Göttingen 2012

Berndt, Christina: Resilienz – das Geheimnis der psychischen Widerstandskraft. Was uns stark macht gegen Stress, Depressionen und Burn-out, München 2013

Braunberger, Gerald: „Suche nach neuen Kandidaten", FAZ.net, 2.3.2018, https://www.faz.net/aktuell/finanzen/finanzmarkt/zahl-der-unternehmen-an-der-deutschen-boerse-ruecklaeufig-15473787.html, letzter Abruf am 12.8.2020

Bundesministeriums für Arbeit und Soziales (BMAS) (Hg.): Arbeitsmarktprognose 2030, Stand Juli 2013, http://www.bmas.de/SharedDocs/Downloads/DE/PDF-Publikationen/a756-arbeitsmarktprognose-2030.pdf?__blob=publicationFile, letzter Abruf am 11.8.2020

Debnar-Daumler, Sebastian/Heidbrink, Marcus/Brands, Julian/Verfürth, Claus: Top-Manager in beruflichen Umbruchphasen. Wie der Umbruch erlebt wird und die Neuausrichtung gelingt, Wiesbaden 2016

Eberle, Birgit: Resilienz ist erlernbar. Wie Sie durch den Aufbau der inneren Stärke Stress bewältigen, widerstandsfähiger werden und Depressionen vorbeugen, Rendsburg 2019

Engelke, Anja: „Unzufriedene Mitarbeiter – Fünf Millionen Deutsche haben innerlich gekündigt", Faz.net, 29.8.2018, https://www.faz.net/aktuell/karriere-hochschule/buero-co/merheit-der-arbeitnehmer-haben-innerlich-schon-gekuendigt-15753720.html, letzter Abruf am 24.9.2020

Euchner, Gabriele: Mit dem Fußtritt aus der Chefetage. Gekündigte Spitzenmanager berichten. Ein Plädoyer für mehr Menschlichkeit in Unternehmen. Freiburg 2013

Gutensohn, David : „Je höher Manager kommen, desto einsamer werden sie", Zeit online, 27.12.2019, www.zeit.de/arbeit/2019-12/management-fuehrungsposition-mitarbeiter-isolation-psyche-christan-dogs, letzter Abruf am 13.8.2020

Hagelüken, Alexander: „OECD befürchtet 25 Millionen Arbeitslose mehr", Süddeutsche Zeitung, 7.7.2020, www.sueddeutsche.de/wirtschaft/corona-krise-oecd-befuerchtet-25-millionen-arbeitslose-mehr-1.4959427, letzter Abruf am 11.8.2020

Herles, Benedikt: Die kaputte Elite. Ein Schadensbericht aus unseren Chefetagen. München 2013

Maaß, Stephan: „Dienstags wird fast nie ein Mitarbeiter gekündigt", Die Welt, 27.6.2014, https://www.welt.de/wirtschaft/karriere/article129519343/Dienstags-wird-fast-nie-ein-Mitarbeiter-gekuendigt.html, letzter Abruf am 24.9.2020

Rudolph, Mathias: Tipps für mehr Resilienz. So stärkst du deine Psyche, https://zeitzuleben.de/tipps-resilienz/, letzter Abruf am 24.9.2020

Schwär, Hannah: Forscher zeigen an 7 Beispielen, wie radikal sich Deutschland in den nächsten 10 Jahren verändern wird, 23.12.2019, https://www.businessinsider.de/wirtschaft/forscher-zeigen-an-7-beispielen-wie-radikal-sich-deutschland-in-den-naechsten-10-jahren-veraendern-wird, letzter Abruf am 11.8.2020

# Stichwortverzeichnis

# Herzlichen Dank

Keiner schreibt ein Buch allein. Ein solches Vorhaben ist immer das Ergebnis der Zusammenarbeit vieler Menschen und jeder hat auf seine Weise dazu beigetragen.

An erster Stelle möchte ich mich sehr herzlich bei meinen zahlreichen Interviewpartnern bedanken. Sie haben mir offen ihre persönlichen Geschichten erzählt, mir vertrauensvoll Einblick hinter die Kulissen gewährt und mich an ihrem Seelenheil teilhaben lassen. Ohne sie wäre das Buch nicht das, was es ist: ein Mutmachbuch für alle, die ähnliche berufliche Krisensituation durchleben.

Mein Dank geht auch an meine Lektorin Cornelia Rüping (www.traum-vom-buch.de), die mit ihrer ruhigen und besonnenen Art jederzeit den Überblick über mein Buch bewahrte. Mit ihrer Erfahrung, Kompetenz und Professionalität war sie mir eine große Hilfe.

Ebenso tatkräftig zur Seite stand mir Marcela Müllerová mit ihrer Kreativität. Dank ihrer aussagekräftigen Illustrationen ist es gelungen, dem Text eine auflockernde Note zu verleihen.

Vielen Dank auch an Laura Niklaus von Studiowoander für die Entwicklung und Gestaltung eines für mich perfekten Buchcovers.

Zudem geht mein Dank an Dr. Leila Werthschulte für die zahlreichen inspirierenden Gespräche und das Schlusskorrektorat sowie an Amela Musanovic-Sandor, die mit ihrem juristischen Sachverstand ein prüfendes Auge auf dieses Werk geworfen hat.

Bedanken möchte ich mich auch bei allen meinen Freunden, Kollegen und Geschäftspartnern, die immer ein offenes Ohr für mich hatten. Sie haben mir mit Rat und Tat zur Seite gestanden und mich darin bestärkt, dieses Buches zu finalisieren.

Von Herzen danke ich meiner lieben Frau Katja und unseren wunderbaren Kindern Ava und Finn. Sie haben mir den Freiraum gegeben, dieses Werk zu vollbringen. Ohne die Hilfe und Unterstützung meiner Frau, die mir in den letzten Monaten den Rücken gestärkt und freigehalten und sich noch mehr als sonst um unsere beiden Kinder gekümmert hat, wäre ich nicht in der Lage gewesen, dieses Buch fertigzustellen. Ihr liegt dieses Buch genauso am Herzen wie mir. Mit ihrem kritischen Sachverstand und ihren wertvollen Ratschlägen half sie, dem Buch den notwendigen Feinschliff zu geben. Sie hat mir immer wieder Mut gemacht und mich darin bestärkt dranzubleiben.

# Der Autor

**Everhard Uphoff** ist waschechter Friese, Baujahr 1971. Er hat an der Universität Passau, in Spanien und den USA studiert, langjährige Erfahrung als Marketing- und Vertriebsleiter, erfolgreich eine internationale Marke aufgebaut sowie eine Trainer- und Coachingausbildung (BDVT/ICF) absolviert. Heute berät er als Trennungsexperte Fach- und Führungskräfte, die ihren Job verlieren werden oder verloren haben. Er begleitet sie bei dem oft langwierigen und harten Prozess vom Ausstand bis zum Neustart. Hilfreich sind ihm dabei seine große Portion Urvertrauen sowie die Fähigkeit, andere zu begeistern und an sich selbst zu glauben. Er selbst hat 2015 seinen Job verloren und in dieser Lebensphase erfahren, was es heißt, wenn der Wind sich dreht und es stürmisch zugeht.

Zudem ist Everhard Uphoff Familienvater, gerne am und auf dem Wasser, meistens anständig und gradlinig, loyal und psychologisch geschult. Seine ganz besondere Kraft: Er ist und bleibt Optimist – auch wenn die Lage mal wenig heiter ist. Mit seiner ruhigen, gelassenen, authentischen und reflektierten Art schafft er es, andere da abzuholen, wo sie stehen, sie aufzubauen und während der Zeit des Abschieds, der Trauer und der Neuorientierung zu unterstützen.